Roger Hillerstrom

Meine Sehnsucht: Eins sein mit dir

Wie man sich sexuelle Erfüllung nicht verdirbt

Brunnen-Verlag · Basel und Gießen

ABCteam-Bücher erscheinen in folgenden Verlagen:
Aussaat Verlag Neukirchen-Vluyn
R. Brockhaus Verlag Wuppertal
Brunnen-Verlag Basel und Gießen
Christliches Verlagshaus Stuttgart
(und evangelischer Missionsverlag)
Oncken Verlag Wuppertal und Kassel

Die Bibelzitate wurden der Elberfelder Übersetzung
von 1985/1992 entnommen.
Titel der amerikanischen Originalausgabe:
«Intimate Deception. Escaping the Trap of Sexual Impurity»
Erschienen 1989 bei Multnomah Press Portland, Oregon 97266
© 1989 by Multnomah Press

Aus dem Amerikanischen von Kathrin Meier-Scheidegger

© 1996 Brunnen-Verlag Basel

Umschlag: Kirchhofer Editorials, Basel
Satz: Uhl + Massopust, Aalen
Druck: Clausen & Bosse, Leck
Printed in Germany

ISBN 3-7655-1090-4

INHALT

GELEITWORT

Etwas, was das Unterrichten zu einer so wertvollen Erfahrung macht, sind die zahlreichen Begegnungen mit Studenten und ihren ganz und gar ungewöhnlichen Talenten und Begabungen. Einer dieser Studenten war seinerzeit Roger Hillerstrom. Heute ist er einer unserer Mitarbeiter und selbst Therapeut. In diesem Buch berichtet er aus seiner reichen Erfahrung. Dabei wird deutlich, wie sehr ihm vor allem die praktische Seite am Herzen liegt.

Sein Buch liefert Informationen und Anstöße für persönliche Überlegungen und für Diskussionen und hilft dem Leser, seine vielfältigen Wertvorstellungen und sein Verhalten zu überdenken.

Direkt und unverschnörkelt schildert Roger seine Erkenntnisse und illustriert sie mit zahlreichen interessanten und hilfreichen Fallstudien. Es gelingt ihm, spezifische Probleme beim Namen zu nennen, ohne dabei je verurteilend zu wirken.

Der ausgewogene Ansatz, das Eingehen auf die Gefühle wie auf konkrete Verhaltensweisen, wird Ihnen helfen, sich selbst und andere Menschen in einem ganz neuen Licht zu sehen. Das Buch eignet sich überdies ausgezeichnet als Unterlage für Kurse und Unterricht.

Ledige, Verheiratete, Eltern, Pfarrer – alle werden von der Lektüre profitieren.

H. Norman Wright, Direktor
Family Counseling and Enrichment
Santa Ana, Kalifornien

Anmerkung des Verlags: Wer dieses Buch aufmerksam liest, wird feststellen, daß in einigen Fällen (beispielsweise bei der Beschreibung von Geschlechtskrankheiten) die gelieferten statistischen Zahlen nicht dem topaktuellsten 1996er Stand der wissenschaftlichen Datenbanken entsprechen. Trotzdem wurden diese Zahlen im Text belassen, weil die neusten statistischen Materialien Hillerstroms Aussagen in keiner Weise entschärfen können – sondern sie vielmehr massiv bekräftigen und dramatisch verstärken würden. Leider! Hillerstroms Gedanken bekommen dadurch eine teilweise «prophetische» Note.

VORWORT

Ich bin Familientherapeut und Eheberater. Dieses Buch ist aus meiner Arbeit mit Ehepaaren und mit unverheirateten Paaren entstanden, die sich auf die Ehe vorbereiten.

Mehrere Jahre lang konnte ich in diesen Beziehungen *Verhaltensmuster* beobachten, die so klar und vorhersagbar erschienen, daß ich erstaunt war, keine Literatur darüber zu finden. In der Fachliteratur wurde das Thema nicht aufgegriffen, und in den populärwissenschaftlichen Texten schien man sich des Problems nicht einmal bewußt zu sein. Ich begann, an Seelsorge-Seminaren über diese Reaktionsmuster zu sprechen, und das Echo darauf war jedesmal äußerst positiv.

Daraufhin schrieb ich einen kurzen Artikel über meine Beobachtungen. Die Wirkung war überwältigend. Der Text wurde in der Folge mehrfach veröffentlicht, und ich erhielt ungezählte Anfragen nach Kopien. Seitdem sind einige Jahre vergangen, und noch immer schreiben mir Leute als Reaktion auf diesen Artikel. Da heißt es etwa:

«Sie könnten von uns geschrieben haben!» oder «Genau so sieht es bei uns aus» oder «Auf einmal wissen wir, was bei uns schiefläuft.»

Noch immer finde ich nur wenig Literatur zu diesen Fragen, obwohl sie tiefgreifende Auswirkungen auf die Ehe haben. Trotzdem braucht man sich nicht davon unterkriegen zu lassen, wenn man bereit ist, sich damit auseinanderzusetzen und an Veränderungen zu arbeiten.

Ich habe zwar versucht, in diesem Buch nicht zu explizit zu sein, dennoch ist es kein Buch für Kinder. Es wurde für junge und ältere Erwachsene geschrieben, die ihre Beziehungen verbessern wollen. Unverheirateten soll es helfen, gesunde Beziehungen zu entwickeln, in denen die emotionale Intimität wachsen und gedeihen kann. Verheiratete Paare soll es dabei unterstützen, Beziehungen wiederherzustellen, die durch falsche Entscheidungen im Blick auf die Sexualität zerstört wurden. Eltern, Pfarrer und Jugendarbeiter können es als Hilfsmittel einsetzen, um den Fragen, Sorgen und Befürchtungen junger Menschen in einer Gesellschaft zu begegnen, die den Sinn sexueller Beziehungen völlig auf den Kopf gestellt hat.

Ich bete darum, daß Sie beim Lesen dieses Buches Anleitung und Motivation erhalten, um positive Veränderungen in Ihren engsten Beziehungen vorzunehmen.

Roger Hillerstrom

DANK

Es ist mir durchaus bewußt, daß dieses Buch nicht allein das Ergebnis meiner eigenen Arbeit ist. Vielmehr ist es das gemeinsame Werk vieler Menschen, vieler Persönlichkeiten, vieler Lebensläufe. Mein Leben ist voller Menschen, die jede Seite beeinflußt haben. Ihnen allen danke ich von ganzem Herzen.

Ich danke

– meiner Frau Beth, die sich um alles gekümmert hat, während ich schrieb, angefangen beim Überarbeiten der Manuskripte bis dahin, daß sie die Kinder in den intensivsten Arbeitsstunden von mir fernhielt.

– H. Norman Wright, der mir den Anstoß zu diesem Projekt gegeben hat und dessen Rolle als Lehrer und Mentor in meinem Leben wichtiger ist, als er denkt.

– Genevieve Bell, einer bemerkenswerten Dame, deren fantastische Beherrschung der englischen Sprache in einem halben Jahr zwölf Jahre schlechten Englisch-Unterrichts wettgemacht hat.

12 Dank

– Kin Millen, dessen Weisheit und Erfahrung dieses Projekt mitgestaltet haben.

– Kirk Farnsworth und allen vom Crista Counseling Service für ihre Unterstützung und Ermutigung.

– Dr. Grant Martin, der mir jahrelange Irrwege ersparte, weil er mir Zugang zu seinen Texten und Veröffentlichungen gewährte;

– Dr. Claude McCoy für die Ermutigung und die regelmäßige Kontrolle am Mittwochmorgen;

– Dr. Mike Rattray, dessen Computer mir Zeit und Nerven sparte;

– Dr. Reed Davis, der bei der Bearbeitung des Originalmanuskripts half;

– Jean Lush für ihr Vertrauen in meine Fähigkeiten als Autor. Aus ihren Erfolgen und Fehlern habe ich eine Menge lernen können.

– Eldon Berg, einem der wenigen Computer-Genies auf der Welt, die meine Sprache sprechen. Ohne ihn würde ich noch immer vor mich hinkritzeln.

– meinen anderen «Computer-Lehrern», Dave Crombie, Larry Plett und Dave Reeber. Ihr Wissen und ihre Erfahrung halfen mir, meine Angst vor dieser gefürchteten «Maschine» etwas abzulegen.

– unserer Dienstagabend-Bibelgruppe für ihre anhaltende Ermutigung, für die Gebetsunterstützung und für ihren Humor.

– Pfarrer Jan David Hettinga, der mir mehr als einmal half, meine Theologie zu überprüfen.

– all den Ehepaaren, deren Ermutigung, Kreativität, Weisheit und Freundschaft mit in das Manuskript eingeflossen sind: Mark und Andrea Robertson, Jeff und Lynn Robson, Robb und Cindy Swenson, Paul und Teresa Baldwin und Rich und Jinny Liljenberg.

– Deena Davis und allen von Multnomah Press für ihre ansteckende Begeisterung und ihre harte Arbeit.

– meinen Eltern, Per und Gully Hillerstrom, und Beths Eltern, Erwin und Betty Neese, daß sie an mich geglaubt haben, für ihre begeisterte Unterstützung und die Hilfe im Gebet.

– meinen Kindern Karlyn und Luke für ihre ernsthafte Mitarbeit an «Daddys Buch».

– meinen Nachbarn und vielen anderen Freunden, die mir eine Quelle der Ermutigung und der Unterstützung sind – ganz herzlichen Dank Euch allen!

«Jeder Mensch verfügt über einen
Sicherheitscode, den der Schöpfer selbst
eingebaut hat, damit wir unser Bestes leisten
können, ohne unter allzu großen
Funktionsstörungen zu leiden. Das gilt auch
für den sexuellen Bereich.»

1

DAS GLEICHGEWICHT FINDEN

---

u spinnst, nicht ich!» Susan hatte eine Auseinandersetzung mit ihrem Vater und ärgerte sich. «Nur weil mir Sex zufällig Spaß macht, heißt das noch lange nicht, daß ich seelische Probleme habe. Wenn einer von uns den Psychiater braucht, dann bist *du* das! Sex ist nichts anderes als das Zusammensein zweier Menschen, die einander mögen und sich berühren; solange es beide genießen und sie niemandem damit weh tun, ist daran nichts verkehrt. Es ist schön und sauber und gut. Es sind gerade so Leute wie du, die Sex zu etwas Schmutzigem machen!»

Susans Vater hatte seine attraktive neunzehnjährige Tochter für eine psychologische Beurteilung in meine Praxis gebracht, denn er machte sich Sorgen wegen ihrer zahlreichen sexuellen Beziehungen. Jetzt lehnte er sich zurück und musterte seine Tochter. «Dieses ganze Gespräch ist einfach widerlich! Die Bibel lehrt, daß wir über solche Dinge nicht einmal reden sollen. In deinem Alter habe ich an das, was du treibst, nicht einmal gedacht. Niemand hatte etwas von Herpes oder AIDS gehört. Männer und Frauen konnten sich noch verlieben, ohne daß sie meinten, sie müßten sich gleich wie Tiere aufführen.» Er senkte die Stimme, und es kam wie ein Flüstern: «Damals war die Welt noch besser.»

Es ist erstaunlich, wie unterschiedlich die Haltungen gegenüber der Sexualität in unserer Kultur sind. Oft klaffen die Meinungen von Eltern und Kindern derart auseinander, daß eine Verständigung unmöglich scheint. Und selbst innerhalb einer einzigen Generation lassen sich, was Werte, Ansichten und auch Praktiken angeht, riesige Differenzen beobachten. Ja, manchmal scheint es, als bestünde sogar Unklarheit über Wesen und Ziel einer sexuellen Beziehung. Das führt bei unzähligen Menschen zu Verunsicherung und Befremden.

Was ist daran neu?

Dieser Konflikt, die ganze Verwirrung, mag als ein Merkmal der heutigen Generation erscheinen, doch der Eindruck täuscht. Er hat sich seit Jahrhunderten angebahnt, und die Geschichte lehrt uns, daß das Pendel der sexuellen Werte schon mehrmals hin und her geschwungen ist. Das prüde viktorianische Zeitalter im ausgehenden 19. Jahrhundert war ein Extrem. Damals nahm die Furcht vor Sinnlichkeit und vor sündigem Verhalten solche Ausmaße an, daß sogar für Tischbeine Überzüge genäht wurden, weil man meinte, allein der Anblick eines Beines, und sei es eines Tischbeines, könne lüsterne Gedanken hervorrufen!

Es folgten die wilden zwanziger Jahre, eine Zeit der Zügellosigkeit in wirtschaftlicher wie auch moralischer Hinsicht. Die Rocksäume kletterten in die Höhe, die Frauen schnitten die Haare ab und rauchten Zigaretten. Gespräche und Bücher über Sex waren nicht mehr länger tabu. Sexuelle Freizügigkeit war «in».

Die Dreißiger brachten die große Wirtschaftskrise und damit ein Wiederaufleben der konservativen Werte. Sexuelle Themen verschwanden aus der Unterhaltung und wurden erneut zu einem Tabu.

Erst in der Zeit des «Baby Booms» schlug das Pendel wieder in die andere Richtung aus. Der Krieg war vorüber, die Wirtschaft erholte sich, und der Kinsey-Report lenkte die Aufmerksamkeit wieder auf den Sex.

In den Sechzigern und den Siebzigern erlebten Rock'n'-Roll, Hippies und die Playboy-Philosophie ihre Blüte. *Gras, Acid* und *freie Liebe* waren genauso in aller Munde wie *ausgebrannt* oder *Overdose*.

Jedesmal, wenn das Pendel wieder zurückschwingt, schlägt es etwas weiter aus und verweilt etwas länger am Extrempunkt, und mit jedem Extrem gehen zwangsläufig negative Folgen für die einzelnen und für die ganze Gesellschaft einher.

Die gute alte Zeit

Ich habe mit vielen Menschen jeden Alters gesprochen, die in einer Zeit oder einem Umfeld aufwuchsen, in dem die Sexualität grundsätzlich als schlecht galt. Über Generationen hinweg wurde der Geschlechtsverkehr von vielen Frauen als unangenehme Pflicht empfunden, die sie ihren Ehemännern gegenüber zu erfüllen hatten, und auch einige christliche Gruppierungen betrachteten ihn als etwas, das Gott zwar mißfällt, für die Fortpflanzung aber nötig ist. Einige Christen gehen sogar so weit zu behaupten, Sex sei die Folge des Sündenfalls und müsse deshalb von Gott durch unzählige Vorschriften, Gebote und Strafen streng geregelt werden. Solche Einflüsse sind auch heute noch in vielen Familien zu spüren.

Die Folgen einer solchen Haltung sind offensichtlich. Sie führt zu Angst und Unsicherheit im sexuellen Verhalten. Sie führt dazu, daß sich Menschen bei Gesprächen über Sexualität oder über Probleme in sexuellen Beziehungen unbehaglich fühlen. Schuldgefühle und Verunsicherung dürften wohl die häufigsten Symptome sein.

Angst, Unsicherheit, Schuld und *Verwirrung* sind die

Begriffe, mit denen sich die sexuelle Atmosphäre früherer Generationen beschreiben läßt. Bis zu einem gewissen Grad spiegeln sie auch die Stimmung in Teilen der heutigen Generation wider. Aber das Pendel schwingt weiter.

Die neue «Lösung»?

Wenn es heute ausschlägt, dann in eine Richtung, die der früherer Generationen genau widerspricht. Im Fernsehen ist Sex normal, in der Werbung wird er bewußt eingesetzt, Hollywood verherrlicht ihn, von Eltern wird er toleriert, von den Kirchen ignoriert; was für eine Kombination! Im *Time Magazine* war vor einiger Zeit folgender Artikel zu lesen:

> *Ob es einem nun paßt oder nicht, die amerikanischen Jugendlichen sind sexuell viel aktiver als früher. Eine Statistik des Guttmacher-Instituts zeigt, daß die Häufigkeit sexueller Kontakte unter unverheirateten weiblichen Teenagern in den 70er Jahren um zwei Drittel zugenommen hat. Außerdem scheint es, als habe die sexuelle Revolution sich von der Universität an die Oberschule und von dort an die Mittelstufen verlagert. Eine Erhebung aus dem Jahre 1982, die von den Johns-Hopkins-Forschern John Kanter und Melvin Zelnick durchgeführt wurde, ergab, daß fast ein Fünftel aller 15jährigen Mädchen, fast ein Drittel der 16jährigen und 43 % der 17jährigen bereits sexuelle Erfahrungen hatten. «In den Augen ihrer Altersgenossen ist es wichtig, daß die Kids sexuell aktiv sind. Niemand will noch Jungfrau sein», beobachtet Amy Williams, die Direktorin des Teen-age Pregnancy and Parenting Project (TAPP – Projekt für die Betreuung und Unterstützung von Teenager-Müttern) in San Francisco. Der soziale Druck, der selbst auf die jüngsten Jugendlichen ausgeübt wird, kann entmutigend sein. Stephany, 14, aus einem Vorort Chicagos*

und nun Mutter eines viermonatigen Babys, berichtet:
«Alle fragen dich ständig: ‹Bist du noch Jungfrau?›»
  Sozialarbeiter waren praktisch einhellig der Meinung,
daß die Medien – Fernsehen, Rockmusik, Videos, Filme –
den Trend zu verfrühter Sexualität fördern. Eine Erhe-
bung zeigte, daß der Durchschnittszuschauer im Lauf
eines Jahres zur besten Sendezeit über 9000 Sexszenen
oder entsprechende Andeutungen vorgesetzt bekommt.
«Unsere Jugendlichen werden regelrecht bombardiert
mit der Botschaft, daß sie, um cool zu sein, sexuell Spitze
sein müssen», meint Williams. «Sie kaufen Zahnpasta
nicht, um sich die Zähne zu putzen, sondern um sexuell
attraktiv zu sein.»[1]

In einer moralisch so lockeren Atmosphäre muß man nun
damit rechnen, daß die Sexualität von jeder Bindung gelöst und vorehelicher Geschlechtsverkehr als normal und
gesund dargestellt werden. Die Ausbreitung von Geschlechtskrankheiten wie Syphilis, Gonorrhöe, genitalem
Herpes und AIDS ist zu erwarten – und tatsächlich greifen
heute genau diese Krankheiten in jeder Gesellschafts-
schicht mit alarmierender Geschwindigkeit um sich. Es ist
mit einer Zunahme unerwünschter Schwangerschaften,
unehelicher Kinder und lediger Teenager-Mütter zu rechnen und auch mit einer Auseinandersetzung über die
Frage der Abtreibung; einer Abtreibung, bei der es mei-
stens darum geht, die Kinder zu vernichten, die als Folge
sexueller Verantwortungslosigkeit entstanden. Ein Artikel
in der Zeitschrift *People* beschreibt die sexuelle Krise folgendermaßen:

Wir erhalten die Informationen über Teenager-Sex viel
schneller, als uns lieb ist. 1985 stieß die Presse, veranlaßt
durch die Nachricht aus einer Chicagoer Oberschule, an
der ein Drittel der Schülerinnen schwanger war, auf
einige äußerst unangenehme Fakten. In Amerika wer-

den täglich 3000 Jugendliche schwanger, das sind pro
Jahr eine Million. Vier Fünftel davon sind unverheiratet.
Mehr als die Hälfte treibt ab. «Kinder bekommen Kin-
der.» Oder sie bringen sie um. Kurze Zeit später wurde
aus dem anfänglichen Unbehagen eine tiefe Angst, weil
man den Zusammenhang zwischen Sex von Jugend-
lichen und AIDS erkannte. Jetzt stand auf einmal mehr
auf dem Spiel. Jetzt konnte die Promiskuität unserer
Kinder mehr bedeuten als Schwangerschaft – nämlich
den Tod.[2]

Viele der Folgen sind nicht ganz so offensichtlich. Als Familientherapeut werde ich aber regelmäßig damit konfrontiert, welche Auswirkungen diese moderne Haltung
gegenüber vorehelichen Beziehungen hat – und zwar gewöhnlich Jahre später und meist in Ehen. Es fehlt an
Intimität, an Vertrauen, es herrschen Kommunikations-
probleme, es gibt sexuelle Funktionsstörungen usw. Die
Liste ließe sich beliebig verlängern. Die Ursache all dieser Schwierigkeiten liegt in einem Verhalten, das unsere
Gesellschaft auf vielerlei Weise fördert.

Allerdings können wir heute auch schon erste Anzeichen
für eine neue Nüchternheit entdecken, und angesichts der
Zunahme von Geschlechtskrankheiten, angesichts einer
großen Leere im geistlichen und im Gefühlsleben und auch
auf der Beziehungsebene warten viele darauf, daß das
Pendel wieder zurückschwingt.

Wohin geht die Reise?

In meinen Augen geben beide Haltungen, die sexuelle
Freizügigkeit ebenso wie die Strenge, nicht die ganze
Wahrheit wieder. Beides sind Überreaktionen, die auf Un-
wissenheit gründen und zu ernsthaften und unnötigen
Konsequenzen führen. Keine spiegelt zuverlässig wider,
wie Gott sich die geschlechtliche Beziehung gedacht hat,

noch zeugt sie von einem echten Verständnis der biblischen Lehre über die Sexualität.

Vor Jahren war ich einmal dabei, als Bob Vernon, der Chef der Polizei von Los Angeles, über sein Leben als Christ sprach. In einem Beispiel erwähnte er die Polizeiautos, die auf den Autobahnen eingesetzt werden. Diese Wagen sind unglaublich schnell, ihre Motoren werden für den besonderen Verwendungszweck speziell umgerüstet und «getuned». Da ist es nur normal, wenn auch der Sicherheit dieser Fahrzeuge ein besonderes Augenmerk gilt. Weil diese Wagen so häufig und schnell gefahren werden, müssen sie extrem belastbar sein. Vernon erklärte, daß die Mechaniker, bevor sie an den Motoren etwas ändern, Kontakt mit den Herstellern aufnehmen, also mit den Leuten, die den Wagen ursprünglich entworfen und fabriziert haben. Von ihnen erfahren sie, welche maximale Belastung der Wagen bei Höchstleistung gefahrlos meistern kann.

In unserem Leben erfüllt die Bibel eine ganz ähnliche Aufgabe wie das Gespräch der Mechaniker mit den Herstellern in Bobs Beispiel. Der Autor der Bibel ist derjenige, der uns entworfen und geschaffen hat. Er weiß, wie wir funktionieren. Er weiß außerdem, wie wir die meiste Befriedigung und Freude an unserem Körper erleben können, ohne unter allzu großen Funktionsstörungen zu leiden.

Die Ermahnungen in Gottes Wort dienen genau diesem Ziel. Gott erklärt uns in der Regel zwar nicht den genauen Hintergrund seiner Gebote, aber seine Botschaft ist einfach: «Gehorche, damit du ein Leben in der Fülle hast.»

Wenn wir ein klares, deutliches Gebot der Bibel mißachten, dann verderben wir uns gewissermaßen selbst die Freude, die Gott uns eigentlich zugedacht hat. Egal, ob wir unser Verhalten rational erklären oder rechtfertigen können, egal wie viele Menschen wir davon überzeugen können, daß unser Handeln richtig ist, die Bibel sagt, es gibt einen Sicherheitscode, der uns vom Hersteller selbst ein-

gebaut wurde, damit wir möglichst wenig unter Funktionsstörungen leiden. Das gilt vor allem im Bereich der sexuellen Beziehungen. Daran läßt sich nichts ändern.
   Viele junge Christen stellen sich heute ganz wichtige
Fragen im Blick auf ihre sexuellen Beziehungen:

«Sind Liebe und Verständnis für Gott nicht wichtiger als
ein Stück Papier?»

«Wenn wir doch zusammenbleiben wollen, weshalb sollen wir da noch auf ein Stück Papier warten?»

«Weshalb sollen wir das sexuelle Zusammensein nicht
‹üben›, genau wie wir auch andere Dinge vor der Ehe
üben, etwa miteinander zu reden oder gemeinsame Entscheidungen zu treffen?»

«Ist es nicht stur und gesetzlich, sich einer Ethik zu
verpflichten, die aus einer ganz anderen Kultur und aus
einem Umfeld kommt, das mit unserem nichts mehr zu
tun hat?»

«Wichtig ist doch, daß wir uns lieben und heiraten wollen, nicht wahr?»

Diese Fragen verdienen eine Antwort, und wir werden in
den folgenden Kapiteln näher darauf eingehen.
   In diesem Buch geht es um «Fallen» – Fallen, in die wir
hineingeraten, wenn wir die Ordnungen, die Gott uns für
unser Sexualleben gegeben hat, mißachten, und Fallen,
mit denen wir uns die wahre Erfüllung und das Einssein
mit dem Partner selbst verderben. Je besser wir sie verstehen, desto besser können wir sie vermeiden. Wir werden
diese Fallen vom psychologischen, vom soziologischen
und vom medizinischen Standpunkt aus betrachten und
werden außerdem prüfen, was die Bibel über den Umgang

mit dem Geschenk der Sexualität sagt. Schließlich werden wir uns auch darüber Gedanken machen, wie sich diese Fallen vermeiden lassen oder wie man freikommt, wenn man schon darin gefangen ist.

Am Ende eines jeden Kapitels findet sich ein Abschnitt mit dem Titel «Zusammenwachsen». Dieser Abschnitt will dem Leser helfen, potentielle «Fallen» in intimen Beziehungen zu erkennen, zu beurteilen und zu vermeiden. Er kann auch als Anleitung zum Gespräch dienen und damit zu echter Nähe und Gemeinschaft verhelfen.

Zusammenwachsen

1	2	3	4	5	6	7	8	9	10
konservativ									**liberal**

1) Kreuzen Sie mit einem X die Zahl an, bei der Sie sich selbst, was Ihre sexuelle Einstellung betrifft, zwischen extrem liberal und extrem konservativ ansiedeln.

2) Setzen Sie ein A über die Zahl, bei der Sie die meisten Menschen Ihrer Altersgruppe vermuten.

Sind Ihre Gefühle in bezug auf den Standort des X eher positiv oder eher negativ?

Wie sehr wird Ihre Selbsteinschätzung Ihrer Meinung nach von der Haltung Ihrer Altersgenossen beeinflußt?

3) Welche Einstellung herrschte in Ihrer Familie gegenüber sexuellen Fragen?

4) Inwiefern hat diese Haltung die Atmosphäre in Ihrer Familie beeinflußt?

Für Verheiratete:

5) Welchen Einfluß hat diese Haltung heute auf Ihr Ehe- und Familienleben?

«*Die Ehe ausprobieren, ohne sich lebenslang
binden zu wollen, das ist, als wollte man sich
immer nur von Süßigkeiten ernähren. Der
Magen wird dabei zwar voll, aber irgendwann
stirbt man an Mangelernährung.*»

2

TÄUSCHENDE NÄHE

Er hat mich belogen! Sein Leben vor unserer Hochzeit war eine einzige Lüge!» Sandras schönes, ausdrucksvolles Gesicht war immer noch geschwollen und voller blauer Flecken von den Schlägen, die sie einige Tage zuvor eingesteckt hatte. «Zwei Jahre haben wir zusammen gelebt, und nie ist er so ausgerastet. Er war immer so gelassen, nichts konnte ihn aus der Ruhe bringen. Gerade *das* habe ich so an ihm geliebt. Aber in den letzten paar Monaten benimmt er sich wie ein Tier. Ich kann einfach nicht glauben, daß er mich so lange täuschen konnte.» Sandra blickte aus dem Fenster und versank für einen Moment in Gedanken. Dann seufzte sie erschöpft und frustriert: «Ich habe mir immer geschworen, daß mir so etwas nie passiert.»

Sandra und Paul hatten einander geliebt. Jedenfalls hatte es so ausgesehen. Sie hatten viel Zeit miteinander verbracht und fast von Anfang an auch miteinander geschlafen. Sie wußten zwar, daß sie eines Tages heiraten wollten, hatten aber auch Angst davor. Beide waren in früheren Beziehungen tief verletzt worden. Deshalb hatten sie beschlossen, bevor sie wirklich das Risiko der Ehe eingehen wollten und da sie ja ohnehin schon zusammen schliefen, zunächst für eine Weile zusammen zu leben, um zu sehen, ob es funktionierte.

Zwei Jahre lang ging es gut. Sie hatten den Eindruck, sie würden sich verstehen und könnten ihre gelegentlichen Auseinandersetzungen gut lösen. So heirateten sie. Nach acht Monaten war die Beziehung eine einzige Katastrophe, und als sei das nicht genug, war Sandra im dritten Monat schwanger. Egal, zu was für einer Lösung sie finden würden, sie würden ihre Beziehung von Grund auf ändern müssen. Es würde viel Gebet, Vergebung und harte Arbeit bedeuten. Einigen Paaren gelingt das, aber einfach ist es nie. Bei Sandra und Paul wollte keiner der beiden das Risiko eingehen. Die Ehe wurde geschieden.

Ehe auf Probe?

Heute leben Paare häufig, bevor sie die Ehe schließen, in einer eheähnlichen Gemeinschaft zusammen, um zu testen, ob sie auch wirklich zueinander passen. Doch eine solche Ehe auf Probe ist an sich schon eine Falle.

In meine Praxis kommen viele Paare, die früher so auf Probe zusammen gelebt haben, und zwar kommen sie meist einige Jahre nach der Eheschließung. Ihre Schwierigkeiten unterscheiden sich kaum von denen der Paare, die vor der Ehe *nicht* zusammen lebten. Wenn überhaupt, dann könnte man sagen, sie haben in gewissen Bereichen eher mehr ernsthafte Probleme als Partner, die die Ehe nie ausprobiert haben. Es ist ein Trugschluß anzunehmen, das unverheiratete Zusammenleben sei eine Form der Ehe.

Das *Rockford Institute Center on The Family in America* veröffentlichte kürzlich folgende Angaben:

35 Prozent der Ehen (bei denen die Partner vor der Ehe zusammen lebten) werden bereits vor dem 15. Ehejahr wieder geschieden, gegenüber nur 19 Prozent derjenigen, die vor der Ehe nicht zusammengelebt haben.

Die Autoren der Studie schließen daraus, daß

Menschen, die keine ernsthaften Einwände gegen ein Zusammenleben vor der Ehe erheben, auch eher bereit sind, eine Ehe zu beenden, wenn sie langweilig und anstrengend geworden ist.[3]

Der wesentliche Unterschied zwischen den beiden Lebensformen ist der, daß beim Zusammenleben eine Hintertür offen bleibt, eine Möglichkeit, sich ohne allzu große Schwierigkeiten davonzustehlen. Dahinter verbirgt sich folgende Logik: «Wenn's nicht funktioniert, können wir das Ganze als Erfahrung abhaken. Aber zumindest haben wir etwas über uns selbst und über die Ehe gelernt.» Theoretisch klingt das ganz gut, nur funktioniert es im wirklichen Leben nicht so. Dafür gibt es mehrere Gründe.

Doppelte Botschaften

Wenn über dieselbe Situation gleichzeitig zwei entgegengesetzte Botschaften gesendet werden, nennen wir das eine «doppelte Botschaft». Die klassische doppelte Botschaft stammt zum Beispiel von Eltern, die sagen: «Ich will, daß du selbständig bist, also tu gefälligst, was ich dir sage!» oder: «Ich habe dir schon tausendmal gesagt, du sollst nicht immer übertreiben!» Für ein Kind ist das ziemlich verwirrend.

Die meisten Menschen sind sich bewußt, daß Kommunikation mehr ist als ein Austausch von Wörtern. Wir kommunizieren viel intensiver und viel deutlicher mit unserem Verhalten als mit unseren Worten. Schätzungen zufolge haben nonverbale Botschaften fünfmal mehr Gewicht als verbale. Das heißt, wenn meine Worte das eine sagen, mein Verhalten aber etwas anderes, dann wird man eher meinem Verhalten Glauben schenken, auch wenn man es bewußt gar nicht will. Die Redensart «Die Tat spricht lauter als der Mund» bestätigt sich hier.

In einer eheähnlichen Gemeinschaft werden jeden Tag nonverbale doppelte Botschaften ausgesandt. Nehmen wir Sandra und Paul als Beispiel. Sie liebten einander sehr und wollten immer zusammenbleiben. Sie fühlten sich bereit für die Ehe, waren aber beide in früheren Beziehungen verletzt worden. Beide waren absolute Scheidungsgegner, weil sie beide aus zerrütteten Familien kamen. Die logischste Lösung schien also das Zusammenleben – ein paar Monate, vielleicht ein Jahr, um es mal auszuprobieren. Was könnte vernünftiger sein?

Durch ihr Zusammenziehen sandten Sandra und Paul einander eine Botschaft: «Ich möchte die Nähe zu dir. Ich möchte dich kennenlernen. Ich will mit dir eins sein, und nur wenn wir zusammenleben, kann ich mich dir gegenüber so öffnen und dir so nah sein.» Im Bild gehen die beiden mit offenen Armen aufeinander zu.

Aber nun gibt es da noch eine zweite Botschaft, und zwar die, daß einer oder beide nicht bereit sind zu heiraten. Diese Botschaft lautet: «Komm mir nicht zu nahe, es gibt da eine Grenze. Ich will dir nicht so nahe sein, daß ich nicht mehr fliehen kann, wenn du mich verletzt. Ich bin nicht sicher, ob ich dir wirklich vertrauen kann.» In diesem Bild haben Sandra und Paul ihre Arme zwar immer noch ausgestreckt, bewegen sich aber langsam voneinander fort.

Sandra und Paul waren sich der widerstreitenden Botschaften, die sie einander sandten, wahrscheinlich nicht bewußt, aber sie kamen dennoch laut und deutlich beim anderen an.

In der Sackgasse

Die Folge solcher doppelter Botschaften ist ein tiefer Mangel an Vertrauen in der Beziehung. Es ist nicht mehr klar, was wahr ist und was nicht. Was gesagt und was geglaubt wird, sind zwei verschiedene Dinge. Mißtrauen und Zweifel werden zum Bestandteil der Beziehung selbst.

Nach der Hochzeit stellen diese Paare dann oft überrascht fest, wie unzufrieden sie auf einmal sind. Sie empfinden ein Unbehagen, das vorher nicht da war und das sie auch nicht verstehen. Was ist mit ihrer logischen und perfekt geplanten Beziehung geschehen? Passiert ist folgendes: Mit der Hochzeit wurde die Hintertür geschlossen. Die vorher so bequeme Beziehung beginnt die beiden zu umschließen wie ein Raum, der allmählich zusammenschrumpft. Dabei wollten sie gerade das vermeiden! Auf einmal werden ihre schlimmsten Ängste wahr. «Ach du Schande! Wo bin ich da hineingeraten?» Da Mißtrauen und Unsicherheit schon seit langem ihren Platz in der Beziehung hatten, ist der Absturz in die Katastrophe nicht mehr weit.

In einer gesunden Ehe steht die Verbindlichkeit im Zentrum der Beziehung, und zwar unabhängig von Gefühlsschwankungen. Bei Sandra und Paul hingegen sollte die Verbindlichkeit der ganzen Sache nur noch den letzten Schliff verleihen.

Noch mehr Überraschungen

Es gibt noch einen anderen Grund, weshalb die Theorie einer «Ehe auf Probe» nicht hält. Solange ein Paar ohne die Verbindlichkeit der Ehe zusammenlebt, spielen kleine alltägliche Ärgernisse kaum eine Rolle:

«Er spült die Badewanne nicht aus, na und? Wenn du's satt hast, kannst du ja gehen, oder nicht? Kein Grund, deswegen Theater zu machen.»

«Es stört dich, wie sie die Nase putzt. Egal. Ihr seid schließlich nur am Testen, also könnt ihr euch auf die ‹echten› Probleme konzentrieren.»

Und überhaupt, wozu sich aufregen, man geht ins Bett und liebt sich, und am nächsten Morgen ist alles wieder gut. So oder ähnlich läuft es ab, und die meisten Paare sind sich dessen gar nicht bewußt.

Aber dann geschieht es. Mit der Heirat wird die Hintertür zugeschlagen. Und auf einmal bekommen all die kleinen Ärgernisse eine ganz andere Bedeutung, denn jetzt ist man ihnen lebenslänglich ausgeliefert. Die erste, gefühlsmäßige Antwort darauf lautet: «So kann das nicht bleiben! Da muß sich etwas ändern, und zwar sofort!» Die bislang «unbemerkten» Stolpersteine werden so zum Auslöser häufiger Konflikte, und beide Partner sind völlig überrascht, denn bis dahin schienen diese Dinge doch keinen zu stören! Nun aber beginnt jeder zu glauben, er oder sie sei getäuscht, betrogen und in die Falle gelockt worden.

Was ist mit der Ehe auf Probe passiert? So etwas gibt es nicht. Die Ehe ausprobieren, ohne sich lebenslang binden zu wollen, das ist, als würde man sich nur von Süßigkeiten ernähren. Damit füllt man sich zwar den Magen, und man kann sich auch einreden, man hätte etwas gegessen, aber irgendwann wird man mit vollem Bauch an Mangelernährung sterben.

Ist es nun zu spät?

Was ist nun mit den Ehepaaren, die schon vor der Ehe zusammengelebt haben und jetzt enttäuscht sind? Gibt es für sie Hoffnung? Ja, allerdings lassen sich Beziehungsmuster und Gewohnheiten nicht so leicht ändern. Die folgenden Vorschläge können, wenn sie bewußt umgesetzt werden, helfen, negative Muster zu überwinden.

1. Gestehen Sie sich ein, daß die Gewohnheit, emotional auf der Hut und mißtrauisch zu sein, von Anfang an ein subtiler Teil Ihrer Beziehung war. Es ist ganz wichtig zu erkennen, daß dieses Muster die normalen ehelichen Konflikte noch zusätzlich mit Mißverständnissen und Überreaktionen belastet.

2. Verpflichten Sie sich selbst vor Gott, die Komplikationen, die in den Anfängen Ihrer Beziehung entstanden, aufzuarbeiten. Das ist keine Forderung, die Sie an Ihren Ehepartner stellen, sondern eine Entscheidung, die Sie für sich selbst treffen müssen.

3. Informieren Sie sich darüber, wie eine gesunde eheliche Beziehung aussieht. Bücher und Kassetten von Autoren wie zum Beispiel H. Norman Wright, James Dobson und Gary Smalley können dabei eine große Hilfe sein. Sie lernen zu unterscheiden, was normal und gesund ist, was die Beziehung fördert und was eine Verteidigungshaltung ist, eine Reaktion, die zerstörerisch wirkt. Sie helfen Ihnen außerdem, neue und wirksamere Möglichkeiten zur Verständigung und zur Lösung von Ehekonflikten zu finden.

4. Arbeiten Sie bewußt daran, doppelte Botschaften im Blick auf die Verbindlichkeit Ihrer Beziehung auszumerzen. Tun Sie das, indem Sie einander regelmäßig Ihr Vertrauen und Ihre Liebe bestätigen. Das ist besonders in konfliktreichen, schwierigen Zeiten wichtig. Lassen Sie Ihren Partner wissen, daß Sie an der Beziehung festhalten, auch wenn sie zur Zeit nicht gerade erfreulich ist.

5. Wenn Konflikte und negative Gefühle vorhanden sind, die Sie beide nicht allein lösen können, dann scheuen Sie sich nicht, einen christlichen Eheberater aufzusuchen, der Ihnen helfen kann, diese Dinge aufzuarbeiten.

Voreheliche Beziehungen, die zu zerbrechen drohen, können gerettet werden, wenn ein Paar sich wirklich neu ausrichten und eine neue emotionale und geistliche Nähe suchen will. Ich möchte im folgenden von einem Paar berichten, dem es gelang, seine Beziehung neu zu gestalten.

Nate und Carol: der Anfang

Ich kannte Nate und Carol schon einige Jahre. Ich war ihnen während meiner Arbeit unter Singles begegnet. Sie hatten sich bei einem meiner Vorträge kennengelernt, und in der Zeit ihrer Freundschaft waren wir einander immer wieder einmal über den Weg gelaufen. Nun hatten sie sich zur Ehevorbereitung bei mir angemeldet. Ich freute mich sehr, daß die beiden heiraten wollten.

Als sie einander kennenlernten, waren sowohl Nate wie Carol noch nicht lange Christen, und in den Jahren ihrer Beziehung waren sie beide im Glauben stark gewachsen. Sie waren intelligent, ehrlich und begeisterungsfähig. Ihre sexuelle Beziehung war allerdings schon so weit gediehen, daß sie Geschlechtsverkehr hatten, und nun hatten sie Schuldgefühle. Ein gläubiger Freund hatte ihnen gesagt, in Gottes Augen seien sie schon verheiratet, deshalb dürften sie auch miteinander schlafen. Das hatte sie verunsichert, schien aber doch irgendwie einleuchtend. Sie sagten mir, sie kämen deshalb in die voreheliche Seelsorge, weil sie es lernen wollten, einander noch besser zu verstehen und sich einander auf der Gefühlsebene noch näher zu kommen.

Bei unserem ersten Termin sprachen wir darüber, daß sich in der Bibel nirgends ein Hinweis darauf findet, ein Paar könne «in Gottes Augen» verheiratet und dennoch unverheiratet sein. «In Gottes Augen» ist ein netter kleiner Satz, mit dem sich alle möglichen fragwürdigen Verhaltensweisen rechtfertigen lassen. Mit der Heiligen Schrift allerdings hat er nichts zu tun.

Denn ihr wißt, welche Weisungen wir euch gegeben haben durch den Herrn Jesus. Denn dies ist Gottes Wille: eure Heiligung, daß ihr euch von der Unzucht fernhaltet, daß jeder von euch sich sein eigenes Gefäß in Heiligkeit und Ehrbarkeit zu gewinnen wisse, nicht in Leidenschaft

*der Begierde wie die Nationen, die Gott nicht kennen;
daß er sich keine Übergriffe erlaube noch seinen Bruder
in der Sache übervorteile, weil der Herr Rächer ist über
dies alles, wie wir euch auch vorher schon gesagt und
eindringlich bezeugt haben. Denn Gott hat uns nicht zur
Unreinheit berufen, sondern in Heiligung. Deshalb nun,
wer dies verwirft, verwirft nicht einen Menschen, sondern Gott, der auch seinen Heiligen Geist in euch gibt.
(1. Thessalonicher 4,2-8)*

Ich erklärte ihnen, daß ihr sexuelles Verhalten in der Bibel
zwar deutlich verurteilt wird, daß es dafür aber, wenn sie
es bereuten, am Kreuz Vergebung und Heilung gebe wie
für jede andere Sünde auch. Sie müßten allerdings auch
erkennen, wie nötig es sei, ihre Beziehung neu auszurichten, damit sie *echte* Nähe entwickeln könnten. Im Verlauf
mehrerer Seelsorgesitzungen wuchs in ihnen das Verständnis dafür, daß die Bereitschaft zum Gespräch der
Gradmesser für eine echte Intimität ist und daß sie sich die
Möglichkeit, einander wirklich kennenzulernen, geradezu verbauen würden, wenn sie die sexuellen Kontakte
aufrechterhielten – selbst wenn sie vorhatten, zu heiraten.

Künstliche Intimität

Das Bedürfnis nach emotionaler Nähe und Intimität ist im
Innersten eines jeden Menschen angelegt. Jeder möchte
um seiner selbst willen geliebt werden, und nicht nur für
das, was er anderen tun oder geben kann. Sexualität soll
ein Ausdruck dieser Intimität, kann aber nie ihr Ursprung
sein. Diese Unterscheidung ist vielen Menschen nicht bewußt.

In unserer Gesellschaft werden wir gelehrt, Sex mit «intim» gleichzusetzen. Oft werden die Worte Sex und Intimität sogar als Synonyme verwendet. Das zeigt jedoch,
daß wir das wahre Wesen der Intimität völlig mißverste-

hen. Und außerdem wird so dem Sex in Beziehungen eine
falsche Rolle zugeschrieben.

Der Duden definiert «intim» als «sehr nahe und vertraut
in bezug auf das persönliche Verhältnis zwischen Menschen» und «Intimität» als «vertrautes, intimes Verhältnis». Das bedeutet: kennen und gekannt sein, und zwar
zutiefst. Dafür braucht es viel Zeit und Kraft.

Die sexuelle Beziehung vor der Ehe kann leicht zu einer
Art «künstlicher Intimität» führen. Auch in der gegenseitigen sexuellen Erregung liegt ein Gefühl von Nähe. Doch
täuscht dieses Gefühl, denn es spiegelt Intimität vor, wo
keine ist. Mit jemandem intim sein heißt verletzlich, emotional offen und vertrauensvoll sein. Denken Sie einmal
einen Moment darüber nach. Es ist nämlich durchaus möglich, Geschlechtsverkehr zu haben, ohne daß auch nur einer dieser Aspekte erfüllt ist. Wenn Sex tatsächlich und unbedingt intim wäre, dann gäbe es keine Prostitution! Es ist
aber rein körperlich möglich, eine sexuelle Beziehung mit
einem Fremden zu haben und dabei ein trügerisches Gefühl von Intimität zu empfinden. Ein Paar kann Nähe zueinander empfinden, auch wenn gar keine Nähe besteht.

Sex – das Allheilmittel?

Sex kann sogar eingesetzt werden, um Intimität zu *vermeiden*. Manche Paare tun das die ganze Zeit, und die meisten
wissen es nicht einmal. Das hat folgenden Grund: Wenn
emotionale Bedürfnisse nicht gestillt werden oder wenn
Probleme vorhanden sind, entstehen Spannung und Konflikte. Die Spannung ist vielleicht das Resultat einer Mei-
nungsverschiedenheit oder unterschiedlicher Ansichten,
Werte oder Launen. Vielleicht lebt er einfach von Gehaltszahlung zu Gehaltszahlung, während sie früh gelernt hat,
zu wirtschaften und das Geld einzuteilen. Oder sie ver-
bringt in seinen Augen unmäßig viel Zeit mit ihren Eltern;
er aber war seit seinem sechzehnten Lebensjahr auf sich

selbst gestellt. Doch egal, was den Konflikt verursacht, es bedeutet fast immer, daß es etwas zu bereden gibt. Das kann ein Zeichen für eine lebendige und gesunde Beziehung sein. Wenn der Konflikt jedoch nicht gelöst wird, wird er ein Hindernis für Nähe. Wenn er mißachtet, versteckt oder geleugnet wird, gerät die Beziehung in Gefahr.

Sexuell aktive Paare benutzen nun aber oft das Gefühl von Intimität, um das Vorhandensein eines Konflikts zu leugnen. Man geht miteinander ins Bett und freut sich aneinander, ohne die echten Probleme je anzupacken. So werden sie nicht gelöst, sondern lediglich unter einer künstlichen Intimität begraben.

Diesem Muster kann man sehr lange treu bleiben. Ja, oft bleibt es verborgen, bis die ungelösten Spannungen dann irgendwann einmal in Groll umschlagen. Häufig spürt die Frau es als erste. Wenn der Groll zunimmt, dann hat der Geschlechtsverkehr nichts Intimes mehr, weil die emotionalen Barrieren zu hoch sind. Das geschieht normalerweise nach ein paar Ehejahren. Die Reaktion ist dann oft Hoffnungslosigkeit. Er oder sie sagt etwa: «Von unserer Liebe ist gar nichts mehr übriggeblieben.» Das Problem besteht jedoch nicht darin, daß etwas aus der Beziehung verschwunden wäre, sondern es kam sogar etwas hinzu – ein Muster von Flucht und Verdrängung nämlich. Sexuelle Erregung wurde wichtiger als eine gesunde Kommunikation.

Um Nate und Carol zu helfen, dieses Konzept zu verstehen, gebrauchte ich ein Bild. Die Beziehung eines Paares vor der Ehe kann mit einem Dampfrohr verglichen werden, in dem großer Druck herrscht. Die Leitung hat verschiedene unsichtbare kleine Risse. Am einen Ende der Leitung ist ein Ventil, das geöffnet oder geschlossen werden kann. Solange nun das Ventil offen ist, kann der Druck entweichen, und durch die Risse tritt nie irgendwelcher Dampf aus – so werden sie auch nie entdeckt und repariert. Mit der Zeit allerdings rosten sie und zerstören die ganze

Leitung. Das Ventil muß *geschlossen* werden, damit Druck entsteht; nur so können die Risse entdeckt und repariert werden.

Jedes Paar hat seine besonderen Konfliktpunkte: unterschiedliche Ansichten, Vorlieben, Gefühle, familiäre Unterschiede, Rollenerwartungen. Weil nun das Gespräch und die Kommunikation der Bereich ist, in dem echte Intimität stattfindet, ist es von Bedeutung, diese «Risse» zu entdecken. Öffnet ein Paar statt dessen das «Sex-Ventil», so kann sich gar kein normaler Druck bilden. Viele Mißverständnisse werden erst dann entdeckt, wenn sie schon sehr ernsthaft sind. Für viele Paare ist das zu spät.

Nate und Carol haben das verstanden. Wenn sie ihre sexuelle Beziehung weiterführten, blieb das Ventil offen. Solange sie den Druck so abließen, konnten sie ihre Seelsorge-Ziele gar nicht erreichen. Sie mußten das Ventil schließen, damit sie ihre Kommunikationsmuster realistisch beurteilen konnten. Als sie aufhörten, miteinander zu schlafen, tauchten Ärger und Reaktionen auf, die zuvor gar nicht sichtbar gewesen waren. Die «Risse» ließen nun «Dampf» austreten. So entdeckten die beiden, woran sie in ihrer Beziehung als Vorbereitung auf die Ehe konkret arbeiten mußten.

Nate und Carol erfuhren außerdem einen höchst erfreulichen Nebeneffekt. Weil sie neue Wege finden mußten, um mit ihren sexuellen Gefühlen umzugehen, lernten sie, im Ausdrücken ihrer Zuneigung kreativ zu sein. Ein paar Worte auf einem Zettel, kleine, aber wohlüberlegte Geschenke, gemeinsame Geheimnisse, in ernsthaften Gesprächen einander mitgeteilte Gefühle (positive und negative), mit all dem konnten sie einander ihre Zuneigung ausdrücken. Nate und Carol lernten manche Lektion in der hohen Schule der Romantik, die sich in ihrer Ehe reichlich bezahlt machen wird.

Wenn sie das sexuelle Ventil offen gelassen hätten, wäre die voreheliche Beratung reine Zeit- und Geldverschwendung gewesen, ganz abgesehen davon, daß potentielle Eheprobleme vorprogrammiert gewesen wären. Nate und Carol begriffen, wie ernst die Situation war, und waren bereit, alles zu tun, um sich auf die Ehe vorzubereiten. Einige der Schritte, die ich ihnen vorschlug, werden später in diesem Buch noch besprochen.

Zusammenwachsen

1) Was verstehen Sie unter Intimität? Etwas anderes, als in diesem Kapitel beschrieben wurde?

2) Gibt es in Ihrem Leben etwas, worüber Sie mit niemandem reden würden, zum Beispiel bestimmte Ängste, ein Versagen oder eine tiefe Verletzung aus Ihrer Vergangenheit?

Schreiben Sie auf, wie eine Beziehung aussehen müßte, in der Sie sich sicher genug fühlen, um mit einer anderen Person darüber zu sprechen. Seien Sie so konkret wie möglich.

Was sagt Ihnen diese Beschreibung über Ihre Auffassung von Intimität?

3) Denken Sie an den Menschen, den Sie als Ihre engste Freundin/Ihren engsten Freund bezeichnen würden, oder, wenn Sie verheiratet sind, an Ihren Ehepartner. Würden Sie Ihre Beziehung zu ihr/ihm als emotional intim bezeichnen?

Wie bringen Sie diese Intimität konkret zum Ausdruck?

4) Denken Sie an eine Freundin/einen Freund, zu dem Sie keine emotional intime Beziehung haben. Worin unterscheidet sich diese Beziehung von der unter Frage 2 geschilderten?

Für Verheiratete:

Schreiben Sie Ihre Antworten auf die folgenden Aussagen zunächst einzeln und so ehrlich und vollständig
wie möglich auf, ohne sie mit denen Ihres Partners zu
vergleichen.

1) Kreuzen Sie in Ihrer Spalte die entsprechende Zahl
an:

> 1 = unbedingt einverstanden
> 2 = bedingt einverstanden
> 3 = unentschlossen
> 4 = nicht ganz einverstanden
> 5 = überhaupt nicht einverstanden

> Mann = obere Zahlenreihe
> Frau = untere Zahlenreihe

1	2	3	4	5

Unsere Beziehung ist emotional so intim, wie ich mir
das vorstelle.

1	2	3	4	5

1	2	3	4	5

Ich spreche meine Gedanken und Gefühle vorbehaltlos offen aus.

1	2	3	4	5

1	2	3	4	5

Mein Ehepartner spricht seine Gedanken und Gefühle vorbehaltlos offen aus.

1	2	3	4	5

| 1 | 2 | 3 | 4 | 5 |

Während unserer Freundschaft waren wir emotional intimer als jetzt.

| 1 | 2 | 3 | 4 | 5 |

---

2) Kreuzen Sie jetzt in der anderen Spalte die Antworten an, die *Ihr Ehepartner* Ihrer Meinung nach geben wird.

3) Unterstreichen Sie die passende Antwort:

Wenn ich in meinen Gefühlen verletzt werde, dann

– öffne ich mich und teile meine Ängste mit.
– ziehe ich mich still zurück.
– wechsle ich das Thema.
– weiche ich auf die sexuelle Ebene aus.
– werde ich reizbar und zornig.
– mache ich einen Witz.
– tue ich, als ob es gar nicht wichtig sei.

4) Wenn *mein Partner* in seinen Gefühlen verletzt wird, reagiert er normalerweise so: (Antwort bei Frage 3 auswählen) . . . .
. . . .

5) Um die emotionale Intimität in unserer Ehe zu verbessern, könnte ich folgendes tun: . . . .
. . . .

6) Um die emotionale Intimität in unserer Ehe zu verbessern, wünsche ich mir, daß mein Partner folgendes tut: . . . .
. . . .

Nehmen Sie sich jetzt ein, zwei Stunden Zeit und besprechen Sie gemeinsam mit Ihrem Partner Ihre jeweiligen Antworten.

«Paare, die bereits vor der Ehe sexuell aktiv sind, konditionieren sich selbst dazu, auf einen Fetisch zu reagieren. Das kann für das sexuelle Erleben in der Ehe verheerende Auswirkungen haben.»

3

DER REIZ DES VERBOTENEN

Kennen Sie Pawlow, den russischen Verhaltensforscher? Er dressierte einen Hund so, daß er Speichel bildete, wenn eine Glocke läutete. Diese körperliche Reaktion wurde durch einen Mechanismus ausgelöst, der mit der Reaktion selbst in keinem direkten Zusammenhang stand.

Genauso können wir, sogar ohne es zu merken, unserem Körper beibringen, so zu reagieren, wie er es normalerweise nicht tun würde! Diesen Prozeß nennt man gemeinhin «Konditionierung».

Wir müssen uns nun bewußt werden, daß wir auch unsere sexuelle Erregung sehr schnell konditionieren können, schneller vielleicht als jede andere körperliche Reaktion. Mit Erregung meine ich die körperliche Empfindung, die mit sexuellen Erfahrungen einhergeht, wie Herzklopfen, erhöhter Blutdruck, Spannung, Erektion bei Männern, Feuchtwerden der Scheide bei Frauen. All das gehört zu dieser körperlichen Erregung dazu.

Wenn jemand immer wieder sexuell stimulierenden Ein-
drücken ausgesetzt ist – Bildern, Büchern, Filmen, Gegenständen und unzähligen anderen Dingen –, wird das sein
oder ihr sexuelles Verhalten beeinflussen. Die Erregung
wird dann von einer Art Fetisch abhängig – das heißt,
die sexuelle Erregung braucht ein lebloses Objekt als Auslöser.

Randy war in einem konservativen christlichen Elternhaus mit hohen moralischen Normen aufgewachsen, be-
schäftigte sich aber, bevor er Louise heiratete, intensiv mit
Pornographie. Louise war eine attraktive junge Frau Anfang zwanzig und stammte wie Randy aus einem christlichen Elternhaus.

Randy hatte gehofft, das Interesse an der Pornographie
würde aufhören, wenn er erst einmal verheiratet war. Zu
seiner Bestürzung hatte er aber oft Schwierigkeiten, durch
seine Frau erregt zu werden. Immer öfter stellte er fest, daß
er Lust auf Pornographie hatte – und sie sogar brauchte,
um mit Louise schlafen zu können. Im Anfang versuchte er,
die Zeitschriften zu verstecken, doch nachdem es mehrmals zu peinlichen Szenen gekommen war, als Louise ihn
bei der Lektüre entdeckt hatte, gab er die Versuche auf.
Schließlich schaute er sich, wenn seine Frau nicht da war,
auch die Playboy-Sendungen im Kabelfernsehen an. Weil
er wegen seiner «Gewohnheit» zunehmend von Schuldgefühlen geplagt und die Beziehung immer unbefriedigen-
der wurde, hörte Randy auch bald auf, mit Louise zur
Kirche zu gehen.

Randy hatte, ohne es zu wissen und bestimmt auch ohne
es zu wollen, die Pornographie zu einem Fetisch gemacht.
Die Therapie war ein langer und beschwerlicher Weg. Er
mußte seine tiefen Gefühle des Ungenügens, seine Angst
vor Ablehnung zur Kenntnis nehmen. Er mußte auch der
Tatsache ins Auge sehen, daß seine sexuellen Phantasien
mit imaginären Partnerinnen ein Fluchtmechanismus waren, der dazu führte, daß er die Realität als enttäuschend

empfand. Diese Probleme hatten sich jahrelang aufgebaut und konnten nicht von heute auf morgen verschwinden. Glaube, der feste Wille, sich zu ändern, Aufrichtigkeit, Vergebung und die Bereitschaft zur Verbindlichkeit von Randys und Louises Seite halfen, daß dieses schmerzliche Erleben heute der Vergangenheit angehört.

Der Fetisch des Verbotenen

Es mag manchen überraschen, daß sexuelle Kontakte vor der Ehe zu einem ganz ähnlichem Zwangsverhalten führen können. Paare, die schon vor der Ehe sexuell aktiv sind, konditionieren sich selbst dazu, auf einen Fetisch zu reagieren. Das ist ein ganz subtiler Prozeß. Für das sexuelle Erleben in der Ehe kann er jedoch verheerend sein.

In jedem Menschen, vor allem aber in jenen, die mit dem abendländischen Wertesystem aufgewachsen sind, lebt das Bewußtsein, vorehelicher Sex sei unrecht. Dieses Bewußtsein mag verschüttet, unterdrückt, ignoriert oder auch offen verachtet sein, dennoch ist es da. Wenn wir unsere Gefühle genau und lange genug unter die Lupe nehmen, werden wir es merken. Irgend etwas tief in uns drinnen sagt: «Eigentlich sollten wir das nicht tun...» – und genau das macht das Ganze so aufregend! Dieses «Unrecht» hat ganz eindeutig auch etwas Stimulierendes.

Oft beginnen wir, Selbstgespräche zu führen, wenn wir merken, daß wir etwas Verbotenes tun:

«Was ist, wenn das jemand herausfindet?»

«Denen werde ich's zeigen: Ich tue, was ich will!»

«Das zeigt doch deutlich, wie sehr wir einander lieben!»

«Ich lasse mich nicht von irgendeiner verkrusteten Kirche kontrollieren!»

Ich habe mit unzähligen Ehepaaren, Christen und Nicht-Christen, gesprochen, die mir sagten: «Bevor wir geheiratet haben, war unser Sexleben ganz toll! Es war aufregend, erfüllend, genial. Aber irgendwie ist das in der Hochzeitsnacht alles verschwunden. Seitdem war es nie mehr wirklich gut.»

Was ist mit diesen Paaren in der Hochzeitsnacht passiert? Es war folgendes: Das Verbotene hatte die sexuelle Erregung konditioniert, es war Bedingung geworden, und jetzt fehlte es plötzlich! Wen konnten sie jetzt noch verletzen oder beeindrucken? Sie mußten mit ihrer sexuellen Beziehung nicht länger etwas «beweisen». Sex war jetzt vielmehr eine Pflicht, weil zu einer guten Ehe auch der regelmäßige Geschlechtsverkehr gehört.

Wie reagiert nun jemand, der das Kribbeln des Verbotenen erfahren hat und es auch nach der Hochzeit erleben möchte? Eine einfache Methode ist der Seitensprung… Und richtig! Plötzlich macht es wieder Spaß! Weil in jedem von uns auch das Bewußtsein lebt, außerehelicher Sex sei falsch, ist das Verbotene Teil jeder ehebrecherischen Beziehung. Und das Ergebnis? Zerrüttete Ehen, auseinandergerissene Familien und eine schwindelerregende Scheidungsrate.

Gott erklärt selten, weshalb er uns gewisse Anweisungen gibt. Als unser Schöpfer nimmt er sich die Freiheit, uns einfach zu sagen, wie wir unsere Möglichkeiten am besten ausschöpfen können. Von uns erwartet er, daß wir uns daran halten. Wenn wir seine Warnungen ignorieren, dann setzen wir diese Möglichkeiten aufs Spiel und geben uns letzlich mit weniger zufrieden, als er für uns vorgesehen hat.

Verpaßte Möglichkeiten?

Wir wollen noch etwas näher darauf eingehen, welche
Auswirkungen dieses Verhalten für uns hat. Je besser wir
sie verstehen, desto besser können wir diese Falle umgehen und auch anderen dabei helfen.

Sexueller Genuß und sexuelle Erregung sind dann am
größten, wenn kein Druck von außen da ist. In anderen
Worten: Streß in jeglicher Form beeinträchtigt die sexuelle
Erfüllung. Entspannung, Zufriedenheit und Vertrauen sowohl in die Umgebung wie in die Beziehung selbst sind
von entscheidender Bedeutung für die Freude am sexuellen Erleben.

In den meisten vorehelichen Beziehungen findet sich
aber eine ganze Reihe von Faktoren, die den Streß erhöhen
und die sexuelle Erfüllung für Mann und Frau mindern:

1. Die voreheliche Beziehung fördert bei beiden Partnern
Schuld- und Angstgefühle. Das Fehlen einer konkreten,
dauerhaften Verbindlichkeit bewirkt bei beiden eine gewisse Unsicherheit.

Neben dem Gefühl des Verbotenen, das wir schon angesprochen haben, ist da auch die Angst vor Ablehnung. Da
der Beziehung die Grundlage einer lebenslangen Verbindlichkeit fehlt, sind bei jedem Partner Gedanken möglich wie: «Er oder sie mag vielleicht nicht, wie ich bin oder
was ich tue, oder ich bin vielleicht nicht gut genug.» Das
führt zu Leistungsdruck und Angst vor Versagen. Wenn
man sich dem Partner nicht ohne Vorbehalte und unge-
schützt hingeben kann, dann leidet die sexuelle Befriedigung. Diese Unsicherheit wird von der Frau oft stärker
empfunden. Dazu schreibt Dr. Helen Singer Kaplan, eine
anerkannte Sexualtherapeutin:

*Eine vertrauensvolle und liebevolle Beziehung ist wich-
tig für das sexuelle Funktionieren. Damit sich eine Frau*

*ganz hingeben kann, muß sie darauf vertrauen können,
daß ihr Partner ihre Bedürfnisse, und vor allem das Bedürfnis, beschützt zu werden, stillen wird, und sie muß
wissen, daß er sich um sie kümmern wird, daß er für sie
Verantwortung übernimmt, sie nicht verlassen, sondern
zu ihr stehen wird. Jüngste Untersuchungen lassen sogar darauf schließen, daß das Vertrauen einer der wichtigsten Faktoren für die Orgasmusfähigkeit bei Frauen
sein könnte.*[4]

2. Vorehelicher Sex geschieht häufig unter Zeitdruck.

Meist steht weder genug Zeit noch ein geeigneter Ort zur
Verfügung, wenn man nicht entdeckt werden will. Das
Bedürfnis nach sanfter, geduldiger Stimulation, nach Zärt-
lichkeit und Gespräch wird vernachlässigt oder ignoriert.
Die fürsorgliche, zärtliche Seite der Beziehung wird häufig
beiseite gelassen, der Akzent liegt auf der persönlichen
körperlichen Befriedigung.

3. Das Ziel des Mannes besteht eher darin, seine körperliche Spannung abzubauen, als auf die Bedürfnisse seiner
Partnerin einzugehen und sie ernst zu nehmen.

Weil die Frau länger braucht, um zum Höhepunkt zu kommen, als der Mann, liegt der Schwerpunkt oft nur gerade
auf *seiner* Befriedigung. Sie fühlt sich dadurch benutzt
oder vernachlässigt.

4. Bei vorehelichen Kontakten wird wenig bis gar nicht an
Verhütung gedacht (wobei die derzeitigen AIDS-Aufklä-
rungskampagnen mit Kondom-Empfehlung hier die Situation veränderten). Die Angst vor einer Schwangerschaft ist
nach wie vor ein Streßfaktor.

5. Immer mehr junge Leute laufen Gefahr, sich mit Geschlechtskrankheiten anzustecken.

Alle diese Faktoren legen den Schluß nahe, daß vorehelicher Sex nie die erste Wahl ist. Ein Paar, das die Chance,

Sex im sicheren Rahmen der Ehe zu erleben, vertan hat, weiß gar nicht, was es verpaßt! Und leider wird es das auch kaum je erfahren. Es wird unter Umständen nie wissen, was es zusammen hätte erleben können, wenn es die Warnungen der Bibel ernst genommen hätte.

Für die Paare, die jetzt vielleicht denken, sie sollten ihre Beziehung beenden, weil sie zum Scheitern verurteilt ist, gibt es aber trotz allem Hoffnung. Aus meiner seelsorgerlichen Praxis weiß ich, daß es für unverheiratete Paare, die sexuell aktiv waren, möglich ist – mindestens bis zu einem gewissen Grad –, noch einmal neu anzufangen. Allerdings geschieht das nicht von selbst; eine bewußte Entscheidung ist nötig. Und Verbindlichkeit. Beide müssen bereit sein, den Geschlechtsverkehr aufzugeben und für einen gewissen Zeitraum vor der Ehe (je länger desto besser) klare Grenzen für die körperliche Beziehung festzulegen. Das Paar muß sich darüber einig werden, wie es mit den sexuellen Versuchungen umgehen will, damit positive Verhaltensmuster entstehen können. In Kapitel 9 werden wir sehen, wie ein Paar seine körperliche Beziehung neu gestalten kann.

Für verheiratete Paare, die diese Muster erkennen und verstehen – und denen auch die Auswirkungen auf ihre Ehe bewußt sind –, gibt es mehrere Schritte, die ihnen helfen können, auf eine positive Änderung hinzuarbeiten. Einige der Punkte, über die Sie miteinander reden sollten, bereiten Ihnen vielleicht Unbehagen oder gar Angst; trotzdem ist es wichtig, darüber zu diskutieren. Ohne Gespräch können auch in einer Ehe keine gesunden Beziehungen wachsen.

1. Nehmen Sie sich Zeit, Ihre frühen sexuellen Muster zu besprechen. Tauschen Sie sich darüber aus, was Sie im Rückblick in Ihrer Freundschaft anders machen würden. Überlegen Sie ernsthaft und erklären Sie, weshalb diese Veränderungen wichtig gewesen wären. Die Fragen am

Ende des Kapitels wollen Ihnen helfen, das Gespräch in
Gang zu bringen.

2. Bekennen Sie voreinander und vor Gott, was Sie in Ihrer
Beziehung vor der Ehe falsch gemacht haben. Sprechen
Sie darüber, welche Auswirkungen diese Fehler Ihrer Mei-
nung nach auf Ihre heutige Beziehung haben.

3. Seien Sie bereit, sowohl Ihrem Partner als auch sich
selbst zu vergeben, was geschehen ist. Vergebung heißt,
daß Sie keine Wiedergutmachung der Fehler fordern, die
an Ihnen begangen wurden. Solche Forderungen nach
Wiedergutmachung können in einer Beziehung in vielerlei
Gestalt auftreten: Rückzug, Schweigen, Wutausbrüche,
tiefer Groll, Verweigerung der Zusammenarbeit. Vergebung wird die Beziehung vielleicht nicht sofort verändern,
aber ohne Vergebung ist echte Veränderung überhaupt
nicht möglich.

4. Lernen Sie, offen miteinander über Ihre sexuelle Beziehung zu sprechen. Welches sind Ihre Wünsche, welches
Ihre Vorlieben, Träume und Ängste? Dafür wird ein einzi-
ges Gespräch kaum ausreichen, sondern es braucht immer
wieder neue Anläufe.

5. Lesen und besprechen Sie das folgende Buch:

   Hautnah von Ed & Gaye Wheat (Schulte & Gerth)

6. Wenn Sie beide das Gefühl haben, auch nach diesen
Schritten hätte sich kaum etwas verändert, dann überlegen Sie, ob Sie nicht einen christlichen Eheberater oder
Seelsorger aufsuchen wollen. Ihr Pfarrer kann Ihnen bei
der Suche sicher behilflich sein.

Zusammenwachsen

Ziehen Sie von den Stichworten auf der linken Seite einen Strich zu dem Ihrer Meinung nach angemessenen Verbindlichkeitsgrad in der rechten Spalte:

Körperliche Ebene	Verbindlichkeitsgrad
1) Händchenhalten	a) Zufallsbekanntschaft
2) Umarmen	
3) Küssen	b) Erstes Rendezvous
4) Zungenküsse	
5) Zärtlichkeiten vom Hals an aufwärts	c) Längere Freundschaft
6) Zärtlichkeiten vom Hals an abwärts	d) Feste und exklusive Freundschaft
7) Petting (unter der Kleidung, ohne Geschlechtsorgane)	
8) Petting (unter der Kleidung, auch Geschlechtsorgane)	e) Verlobungszeit
9) Geschlechtsverkehr	f) Ehe

1) Wie weit spiegelten sich Ihre hier gezeigten Überzeugungen in Ihren konkreten Beziehungen wider?

2) Wenn Sie befreundet oder verlobt sind, wie weit decken sich Ihre Vorstellungen mit denen Ihres Partners? (Bitten Sie ihn/sie, dieselbe Übung zu machen, bevor Sie die Antworten vergleichen. So können Sie messen, wie gut Sie einander wirklich kennen.)

3) Welchen Einfluß haben Meinungsverschiedenheiten in diesem Bereich auf eine Freundschaft?

Für Verheiratete:

Nehmen Sie sich Zeit, um die folgenden Sätze möglichst ehrlich zu ergänzen. Vergleichen Sie Ihre Antworten und sprechen Sie über Ihre Gefühle.

1) Wenn ich im nachhinein etwas in unserer Freundschaft ändern könnte, dann: . . . .
. . . .

2) Der Grund, weshalb ich das ändern würde, ist folgender: . . . .
. . . .

3) Etwas, was ich in diesem Bereich jetzt ändern kann, ist folgendes: . . . .
. . . .

4) Was ich an unserer sexuellen Beziehung am meisten schätze, ist folgendes: . . . .
. . . .

5) Für mich wäre die hilfreichste Veränderung in unserer sexuellen Beziehung: . . . .
. . . .

Um diese Veränderung zu fördern, kann ich folgendes tun: . . . .
. . . .

Um diese Veränderung zu fördern, könntest du folgendes tun: . . . .
. . . .

«Paare, die Petting betreiben, führen in der Regel kaum tiefgreifende Gespräche. Während der physische Aspekt eskaliert, tritt die Beziehung auf der Stelle.»

4

DIE FALLE DER TECHNISCHEN JUNGFRÄULICHKEIT

Vor ein paar Jahren sprach ich an einer Jugendlei-terkonferenz über Sexualität und Christsein. Im Anschluß an eines der Seminare stellte eine junge Frau eine Frage. Ich erinnere mich so genau daran, weil jeder anwesende Single sich vorbeugte und zustimmend nickte. Offenbar hatte ich in meinem Referat einen wichtigen Punkt vergessen.

«Ich habe mich vor kurzem verlobt. Mein Verlobter und ich bemühen uns, unsere Beziehung sexuell rein zu halten. Aber wir lieben uns sehr und knutschen und schmusen gern. Was Sie heute gesagt haben, hat mich verunsichert. Ist Petting nun schädlich für eine Beziehung, oder geht es nur ums miteinander Schlafen?»

Das war eine gute Frage, die eine offene Antwort verdiente. Allerdings ist sie viel zu komplex, um sie einfach mit ja oder nein zu beantworten. Ich hoffe, ich konnte in der kurzen Zeit, die uns damals zur Verfügung stand, eine angemessene Antwort geben. In diesem Kapitel will ich so umfassend wie möglich auf diese Frage eingehen.

Der Begriff Petting ist nur schwer zu definieren. Natürlich, es geht dabei um zwei Menschen, die einander auf sinnliche Weise berühren. Aber das ist vielleicht auch schon der einzige Punkt, in dem sich alle Definitionen treffen. Manche befassen sich vor allem damit, welche konkreten Körperteile von einer anderen Person gestreichelt werden. Viele unterscheiden zwischen zwei Stufen: «leichtes Petting», bei dem das Paar normalerweise bekleidet ist, und «starkes Petting», bei dem das Paar normalerweise nackt ist. Für unsere Zwecke verstehen wir Petting als gegenseitige sexuelle Stimulierung ohne Geschlechtsverkehr als Ziel. Es schließt den Aufbau sexueller Spannung durch Berühren der erogenen Zonen einer anderen Person ein, ohne daß sich diese Spannung durch den Geschlechtsverkehr entlädt. Petting kann, muß aber nicht, zum Orgasmus führen.

Wenn wir uns das sexuelle Verhalten vorstellen, wie es sich vom Händchenhalten zum Geschlechtsverkehr steigert, dann könnte man sagen, Petting ist intensiver als ein Kuß oder eine Umarmung, aber weniger intensiv als der Geschlechtsverkehr selbst. Es ist allerdings eine Tatsache, daß viele Paare, die nicht weiter gehen wollen als bis zum Petting, schließlich doch zusammen schlafen, weil die sexuelle Erregung zu stark wird. Wenn ein Paar den Geschlechtsverkehr will, so werden diese Berührungen «Vorspiel» genannt. In diesem Sinn liegt also der einzige Unterschied zwischen Petting und Vorspiel in der Absicht.

Manche Leute denken, Petting sei eine Möglichkeit für zwei Menschen, die einander mögen und die Wert auf ihre Unberührtheit legen, einander sexuell zu stimulieren, ohne «es» zu tun. Sie meinen, es sei für zwei Menschen, die noch nicht verheiratet sind, aber das Gefühl haben, zusammenzugehören, eine gute Methode, sich emotional auf die Beziehung vorzubereiten, ohne das biblische Gebot der sexuellen Enthaltsamkeit zu verletzen. Andere wieder sehen im Petting eine Art Betrug, weil Wünsche und Fantasien geweckt werden, die moralisch nicht erfüllt werden können. Sie erkennen, daß hier zwei Menschen, auch wenn sie einander sehr liebhaben, eine Bindung schaffen, die für die Ehe gedacht ist, jedoch ohne die Garantie, daß sie zusammenbleiben werden.

Steigerung

In der sexuellen Stimulierung und Erregung gibt es eine natürliche Steigerung. Sie beginnt mit etwas so Feinem wie einem Lächeln und endet mit etwas so Kraftvollem wie dem Geschlechtsakt. Dazu gehören Händchenhalten, Küsse, Zärtlichkeiten, Schmusen und viele Zwischenstadien. Das Gemeinsame all dieser Verhaltensweisen ist ihre Ausrichtung: Ziel ist die Intensivierung, die Zunahme, das Weitergehen.

Es ist eine Tatsache, daß jedes Stadium mit der Zeit nicht mehr befriedigt. Wer einmal vom Händchenhalten zum Küssen übergeht, dem wird es unendlich schwerfallen, wieder zum Händchenhalten zurückzukehren, ohne dabei unzufrieden zu werden. Unsere körperlichen Empfindungen drängen uns zum Geschlechtsverkehr. Das an sich ist nichts Böses; innerhalb der Verbindlichkeit der Ehe ist dieses Erleben vielmehr ein unglaublich anregendes und emotional stärkendes Band. Wo allerdings die Verbindlichkeit fehlt, da kann das Zusammensein einen sehr flüchtigen Charakter annehmen.

Emotionale Nähe wächst in klar unterscheidbaren Stufen des Kontakts. Jede dieser Stufen ist ein wesentlicher Bestandteil der Entwicklung hin zum «emotionalen Bund» der Eheschließung von Mann und Frau. Das Empfinden des Einsseins ist es, das einer gesunden Ehebeziehung ihre fast mystische Einzigartigkeit gegenüber allen anderen Beziehungen verleiht. Diese Stufen fördern eine besondere Freundschaft, die zwei Menschen miteinander verbindet wie keine andere Beziehung. In seinem Buch *Intimate Behaviour* beschreibt der bekannte britische Zoologe und Anthropologe Desmond Morris eingehend die Muster menschlicher Intimität. Ich gebe seine Aussagen über das Werbeverhalten hier zusammengefaßt wieder.

1. *Auge – Körper. Ein Blick enthüllt sehr viel über eine Person: Geschlecht, Größe, Figur, Alter, Persönlichkeit und Status. Die Bedeutung, die man diesen Kriterien zumißt, entscheidet darüber, ob zwei Menschen einander anziehen oder nicht.*
2. *Auge – Auge. Wenn ein Mann und eine Frau, die einander nicht kennen, zufällig Blickkontakt bekommen, ist es die natürlichste Reaktion, erst einmal wegzusehen, normalerweise etwas peinlich berührt. Wenn die Augen einander noch einmal begegnen, lächeln sie vielleicht, was signalisiert, daß sie einander besser kennenlernen möchten.*
3. *Stimme – Stimme. Die ersten Unterhaltungen sind trivial und drehen sich um Fragen wie «Wie heißen Sie?» oder «Was machen Sie beruflich?» In dieser ausgedehnten Phase erfahren zwei Menschen viel über ihre Ansichten, Freizeitbeschäftigungen, Aktivitäten, Gewohnheiten, Hobbys, Vorlieben und Abneigungen. Wenn sie zueinander passen, werden sie Freunde.*
4. *Hand – Hand. Die erste Gelegenheit zum Körperkontakt ist normalerweise keine romantische, sondern eine Situation, in der etwa der Mann der Frau hilft, eine hohe Stufe zu überwinden oder ein Hindernis zu umgehen. An diesem Punkt kann sich jeder der beiden aus der Beziehung zurückziehen, ohne den anderen dadurch abzuweisen. Wenn die Beziehung allerdings fortgesetzt wird, wird der Hand-zu-Hand-Kontakt schließlich auch zum Mittel, um die romantischen Gefühle füreinander zum Ausdruck zu bringen.*
5. *Hand – Schulter. Diese schon etwas zärtlichere Geste ist noch immer nicht verpflichtend. Sie ist eine freundschaftliche Haltung, bei der Mann und Frau nebeneinander gehen. Sie kümmern sich mehr um die Welt*

vor ihnen als um einander. Der Hand-zu-Schulter-Kontakt zeigt, daß eine Beziehung wohl mehr ist als eine gewöhnliche Freundschaft, aber noch keine echte Liebe.

6. Arm – Taille. Diese Haltung ist nun eindeutig romantisch, und zwar weil zwei Menschen desselben Geschlechts sie nicht unbedingt einnehmen würden. Die beiden sind einander nun nahe genug, um Geheimnisse zu haben oder eine intime Sprache zu entwickeln. Aber auch wenn sie Seite an Seite mit der Hand an der Taille gehen, schauen sie noch immer vorwärts.

7. Gesicht – Gesicht. Auf dieser Stufe blickt man einander in die Augen, umarmt und küßt sich. Wenn keines der vorhergehenden Stadien übersprungen wurde, dann haben Mann und Frau jetzt aus der Erfahrung einen Spezialcode entwickelt, der sie befähigt, sich mit sehr wenigen Worten zu verständigen. Jetzt wird auch das sexuelle Verlangen zu einem bedeutenden Element der Beziehung.

8. Hand – Kopf. Das ist die Fortsetzung der vorherigen Stufe. Mann und Frau streicheln gern den Kopf des andern, während sie einander küssen oder miteinander reden. In unserer Kultur berührt man kaum einmal den Kopf eines anderen Menschen, außer es verbinden einen romantische oder Familienbande. Diese Berührung ist ein Zeichen emotionaler Nähe.

9.–12. Die letzten Schritte. Die letzten vier Stufen sind eindeutig sexuell und vertraulich. Es sind (9) Hand – Körper, (10) Mund – Brust, (11) Berührung unterhalb der Taille und (12) Geschlechtsverkehr.[5]

Es kann kaum genug betont werden, wie wichtig es ist, jede dieser Phasen langsam und systematisch zu durchlaufen. Echte Intimität zwischen Mann und Frau wächst allmählich und schrittweise. Geduld und Zeit sind zwei ganz wesentliche Aspekte, die man nicht beschleunigen kann. Wenn ein Paar zu rasch vorwärtsdrängt oder eine Phase überspringt, wird das natürliche emotionale Wachstum zueinander hin unterbrochen, in der Entwicklung der emotionalen Partnerschaft fehlt etwas.

Wie die zwölf Stufen illustrieren, verläuft die Steigerung hin zur geschlechtlichen Vereinigung. Die Stufen, die unter dem Begriff «Petting» zusammengefaßt werden können, umschließen die Schritte neun bis elf. Sie kommen unmittelbar vor dem Geschlechtsverkehr und lassen außer diesem keine weitere Steigerung zu. Einem Paar, das vor der Ehe nicht miteinander schlafen will, das sich für die Verbindlichkeit der Ehe auch noch nicht reif fühlt und dennoch Petting betreibt, bleibt außer Frust oder Versagen kaum eine Möglichkeit offen. Die beiden wollen eine Intensivierung und Steigerung ihrer Intimität, um dann unmittelbar vor der Erfüllung abzubrechen.

Diese natürliche Vorwärtsentwicklung ist die Kraft, die ein Paar, das schon zusammen geschlafen hat, dann auch dazu bringt, weiterzumachen, selbst wenn es Schuldgefühle hat. Und es ist dieselbe Kraft, die eine Person, die in einer Beziehung bereits Geschlechtsverkehr hatte, dazu treibt, in der nächsten Beziehung damit fortzufahren, selbst wenn er oder sie weiß, daß genau das in der ersten Beziehung ein Problem darstellte.

Für die meisten Paare wirkt Petting so, wie wenn man beim Autofahren in einen höheren Gang schaltet – nämlich beschleunigend. Das Streben nach körperlichem Vergnügen dominiert die Beziehung; emotionales Wachstum und Kommunikation bleiben dabei oft auf der Strecke.

Paare, die Petting betreiben, führen in der Regel kaum mehr tiefgreifende Gespräche. Sie vernachlässigen die Erforschung ihrer Persönlichkeiten zugunsten der Erforschung des körperlichen Empfindens. Während der physische Aspekt eskaliert, tritt die Beziehung auf der Stelle. Solche Paare setzen immer mehr Energie dafür ein, miteinander allein sein zu können und einander körperlich zu befriedigen. Sie verbringen immer weniger Zeit mit anderen Menschen oder auch einfach miteinander. Wenn man sich trifft, dann geht es darum, möglichst schnell «zur Sache», zum eigentlichen Ziel des Abends zu kommen – nämlich zur körperlichen Stimulation und Erregung.

Von einer solchen Beziehung bleibt bald nicht mehr viel übrig außer der körperlichen Seite. Das Gefühl der Nähe wird abhängig vom Körperkontakt, und wenn der aufgegeben wird, meint man, man habe die ganze Beziehung aufgegeben. Sexuelle Zwanghaftigkeit wird fast unausweichlich. Wenn ein Paar nicht bereit ist, die Beziehung aufs Spiel zu setzen, indem es Abstand nimmt von der körperlichen Intimität, oder wenn es nicht besonders darüber nachdenkt, dann dominiert die Sexualität die Beziehung auch ohne Geschlechtsverkehr.

Diese ganze Entwicklung unter Kontrolle zu halten, fällt oft gerade Menschen mit einem tiefen Liebesbedürfnis schwer. Das sind Personen, die sich ungeliebt fühlen, vielleicht auch nicht liebenswert, und die tief drinnen fürchten, sie hätten in eine Beziehung nichts einzubringen. Wer in der Vergangenheit nur wenig Liebe empfing und diese Leere jetzt füllen möchte, ist besonders gefährdet, Beziehungssignale falsch auszulegen und die egoistische Begierde eines anderen als Beweis echter Liebe zu verstehen.

Nun ist zwar das Potential für eine solche Verletzlichkeit immer vorhanden, aber die meisten Leute sind sich darüber einig, daß eine rein körperliche Beziehung ein äußerst schlechter Ersatz ist für echte Liebe und Zuneigung.

Tim Stafford, der für das *Campus Life Magazin* regelmäßig über Fragen zu Liebe und Sex aus biblischer Sicht schreibt, erläuterte das folgendermaßen:

In unserer Kultur ist es üblich, daß Paare, die schon eine Weile zusammen sind, einander umarmen, küssen und Händchen halten. Ich denke, für die meisten Menschen sind das ganz zärtliche und unschuldige Möglichkeiten, einander ihre Zuneigung zu zeigen. Wer weitergeht und

*die sexuelle Erregung sucht, verläßt meines Erachtens
den Pfad der Liebe. Weshalb? Weil man da irgendwo vor
dem Geschlechtsverkehr abbrechen muß. Einige können das nicht – sie verlieren die Kontrolle. Manche wollen nicht mehr aufhören. Andere wiederum behalten
zwar die Kontrolle über sich, sind aber dafür frustriert.
Statt Wärme füreinander zu empfinden, ist da nur Über-
hitzung. Ich habe noch nie erlebt, daß eine Beziehung
dadurch gewachsen wäre, vor allem wenn Paare Stunden damit zubringen, ihren Motor auf Hochtouren zu
bringen und gleichzeitig auf die Bremse zu treten. Es
wäre allen besser gedient, wenn sie einfach miteinander
reden und versuchen würden, einander besser kennenzulernen.*[6]

In Kapitel 3 haben wir uns Gedanken gemacht über den
Reiz des Verbotenen. Dabei wird die sexuelle Reaktion
einer Person so konditioniert, daß sie äußere Stimulantien
braucht. Wir können nicht über die Gefahren des Petting
sprechen, ohne diesen Aspekt einzubeziehen, denn auch
hier gelten dieselben Prinzipien. Immer wenn sexuelle Erregung um ihrer selbst willen gesucht wird, wie das beim
Petting in der Regel der Fall ist, sind die Voraussetzungen
für weitere Schwierigkeiten gegeben. Vielleicht sollten
Sie noch einmal zurückblättern und sich die wichtigsten
Aspekte der Konditionierung in Erinnerung rufen, bevor
Sie weiterlesen.

Wenn Petting dazu dienen soll, das schwache Selbstbewußtsein einer Person aufzubauen, dann wird ihr
Selbstwertgefühl bald einmal davon abhängen. Wenn
durch Petting Nähe zu einem anderen Menschen geschaffen werden soll, dann wird es schwierig sein, sich einander
auch ohne Petting nahe zu fühlen. Wir können die Konditionierung nicht mehr von der sexuellen Erregung tren-
nen. Das einzige, was wir tun können, ist, unsere sexuellen
Beziehungen so zu gestalten, daß wir die Erregung im

richtigen Rahmen konditionieren. Das schaffen wir nicht mit einem oder zwei Versuchen, wir müssen es über längere Zeit einüben. Wir tun das, wenn wir immer wieder darauf achten, daß die Beziehung mit unseren Werten und Zielen übereinstimmt.

Die biblische Sicht

Was sagt die Bibel zu diesem Bereich des Sexualverhaltens?

Im allgemeinen geht man davon aus, daß die jungen Menschen zur Zeit der Bibel die Pubertät etwas später erreichten als heute. Der Unterschied wird normalerweise auf die bessere Ernährung und medizinische Versorgung der heutigen Kinder zurückgeführt. Auf jeden Fall wurde die geschlechtliche Reife damals vermutlich mit vierzehn oder fünfzehn Jahren erreicht. In diesem Alter wurde auch geheiratet, so daß sich das Problem der sexuellen Spannung außerhalb der Ehe kaum stellte. Außerdem kam es nur sehr selten zu Begegnungen zwischen den Geschlechtern. In der Regel gingen nur die Jungen zur Schule, und die Ehen wurden von den Eltern arrangiert. Der sexuelle Kontakt junger Menschen wurde auch deshalb von den Eltern streng beaufsichtigt, weil die Jungfräulichkeit der Tochter für den Vater einen direkten Einfluß auf die Mitgift oder den Brautpreis hatte. Ein Vater hatte also auch finanzielle Gründe, um das sexuelle Leben seiner Tochter vor deren Ehe zu überwachen.

Heute sieht die Situation natürlich ganz anders aus. Jungen und Mädchen werden in der Regel nicht mehr getrennt und verbringen viel Zeit miteinander. Auch die Pubertät beginnt heute früher, meist mit zwölf oder dreizehn Jahren. Das Heiratsalter jedoch liegt in den USA weit höher, nämlich zwischen dreiundzwanzig und fünfundzwanzig Jahren. Damit durchlaufen junge Leute eine Zeit der sexuellen Reife und Spannung, die vor zweitausend Jahren so nicht gegeben war. Außerdem ergeben sich zahlreiche Gelegenheiten, mit sexuellen Beziehungen zu experimentieren, was in biblischen Zeiten ebenfalls selten war.

Körperliches Verlangen und Körperkontakt nehmen normalerweise zu, wenn ein Paar auf die Ehe zugeht. Wenn die sexuelle Leidenschaft zunimmt, verzerrt sich leicht die Perspektive – gute Absichten werden in der Hitze des Gefechts, das heißt der physischen Empfindungen, über Bord geworfen. Auch die Motivation ändert sich: Man sucht nicht mehr das Beste füreinander, sondern will selbst befriedigt werden, man will nicht mehr Zuneigung zeigen, sondern der eigenen Begierde folgen. Wenn dann die eigene sexuelle Erregung wichtiger wird als Liebe und Hingabe, dann befindet man sich in der Gefahrenzone, und das gesunde Wachstum einer Beziehung wird empfindlich gestört.

Ist Petting nun nach Meinung der Bibel richtig oder falsch? Während es zum außerehelichen Geschlechtsverkehr einige eindeutige Aussagen gibt, werden andere Verhaltensweisen wie Petting nicht direkt angesprochen. Aus den Abschnitten, die vom Umgang mit Begierde und Selbstdisziplin handeln, können wir Gottes Willen jedoch deutlich entnehmen.

> *Ihr habt gehört, daß gesagt ist: Du sollst nicht ehebrechen. Ich aber sage euch, daß jeder, der eine Frau ansieht, sie zu begehren, schon Ehebruch mit ihr begangen hat in seinem Herzen. (Matthäus 5,27-28)*

Jesus macht hier deutlich, daß Sünden auch im Herzen begangen werden können, selbst wenn wir sie nicht eigentlich ausführen.

> *Ich sage aber den Unverheirateten und den Witwen: es ist gut für sie, wenn sie bleiben wie ich. Wenn sie sich aber nicht enthalten können, so sollen sie heiraten, denn*

es ist besser, zu heiraten, als vor Verlangen zu brennen. (1. Korinther 7,8-9)

Die jugendlichen Begierden aber fliehe, strebe aber nach Gerechtigkeit, Glauben, Liebe, Frieden mit denen, die den Herrn aus reinem Herzen anrufen. (2. Timotheus 2,22)

Flieht die Unzucht! Jede Sünde, die ein Mensch begehen mag, ist außerhalb des Leibes; wer aber Unzucht treibt, sündigt gegen den eigenen Leib. Oder wißt ihr nicht, daß euer Leib ein Tempel des Heiligen Geistes in euch ist, den ihr von Gott habt, und daß ihr nicht euch selbst gehört? Denn ihr seid um einen Preis erkauft worden. Verherrlicht nun Gott mit eurem Leib! (1. Korinther 6,18-20)

Die Botschaft ist eindeutig: Das ist eine Warnung, und zwar eine eindringliche! Gott sagt, wir sollen so schnell wir können vor sexueller Unreinheit davonrennen. Er sagt, es sei äußerst gefährlich, sich außerhalb einer ehelichen Beziehung sexuellen Gedanken und Absichten hinzugeben.

Wie aber kann dann eine alleinstehende Person mit ihren sexuellen Wünschen umgehen? Wie kann man bei dem, was sexuell richtig und was sexuell falsch ist, über bloße Vermutungen hinausgehen? Dieser Autor hat es ausgezeichnet formuliert:

Aus der Sicht Jesu sollte alles Leben von einer tiefen Liebe zu Gott und anderen Menschen geprägt sein. Statt zu bestimmen, wie wir uns in jeder unserer unzähligen täglichen Entscheidungen aufgrund eines Gesetzes verhalten sollen, würde Jesus fragen: «Was ist in dieser Situation das ethischste und liebevollste Verhalten?» Er zielte auf das ab, was richtig, nicht auf das, was legal ist. Seine Frage lautete nicht: «Womit komme ich gerade noch durch, so daß ich meine Wünsche befriedigen

*kann?», sondern: «Wie kann ich Gott am besten dienen
und mich einsetzen, um anderen zu helfen?»*

*Ein Leben, das auf Manipulation basiert, ist in Tat und
Wahrheit menschenunwürdig, nichts als eine billige
Imitation des echten Lebens. Der Gedanke, daß zwei
Menschen einander benutzen, um ihre körperlichen Ge-
lüste zu stillen, wäre für Jesus und für den Apostel Paulus
abstoßend. Sie würden sagen, daß selbstsüchtiges Leben
stumpfes Leben ist, daß Vergnügen auf Kosten anderer
nur ein erbärmlicher Schatten der echten Freude ist, die
man empfindet, wenn man sich selbstlos jemandem hin-
gibt und glücklich wieder empfängt, was einem dieser
Mensch schenkt. Das Ziel all dessen ist nicht, den
Wunsch nach oder die Freude an Sexualität zu mindern,
sondern allem den richtigen Platz zuzuweisen. Sex sollte
eine Bereicherung des Ehelebens sein ...*[7]

Für unverheiratete Paare gibt es neben der Auflösung der
Beziehung oder der Beschränkung auf den sexuellen Bereich noch einen anderen Weg. Dieser Weg heißt «Noch
einmal von vorn beginnen.» Er bedeutet, zurückzugehen
und die Prioritäten und Ziele neu zu definieren, zu entscheiden, wie man die Phasen der körperlichen Annähe-
rung, wie sie weiter vorn beschrieben wurden, durchlaufen und dabei die Schritte 9-12 für die Ehe aufheben kann.
Das verlangt großen Einsatz, und viele Beziehungen vermögen dieser Spannung nicht standzuhalten. Wenn das
Ziel der Beziehung jedoch die Ehe ist, dann lohnt sich die
Mühe. Eine Beziehung, die eine solche Neu- und Umorien-
tierung nicht erträgt, wird vermutlich auch keine fünfzig
Jahre Zusammenleben aushalten!

Petting ohne Partner

Ein weiterer Bereich der technischen Jungfräulichkeit und eines der Themen, bei denen sich die meisten Gruppen wohl am unbehaglichsten fühlen, ist die sexuelle Selbstbefriedigung oder Masturbation. Dieser Bereich ist äußerst angst- und schuldbeladen. Und doch ist es erstaunlich, daß jedesmal, wenn ich zu jungen Menschen spreche und sie auffordere, anonym Fragen zu stellen, immer auch die Selbstbefriedigung auftaucht. Die meisten Ledigen haben hier noch keine Antwort gefunden.

In der Vergangenheit wurde die Masturbation für alle möglichen Probleme verantwortlich gemacht, von der Homosexualität bis zur Geisteskrankheit,von der Faulheit bis zur Körperbehaarung. Wenn man bedenkt, wie diese Frage in früheren Generationen angegangen wurde, ist es nicht weiter erstaunlich, daß schon die Erwähnung des Wortes den meisten Menschen unangenehm ist.

Selbstbefriedigung wird definiert als das Wecken sexueller Empfindungen am eigenen Körper. Sie ist Sex ohne Partner und kann, muß aber nicht, zum Orgasmus führen. Die körperliche Empfindung von Erregung und Entspannung kann ohne Beziehung zu einer anderen Person erfahren werden.

Das Schweigen der Bibel

Wie das Petting wird auch die Masturbation in der Bibel nicht ausdrücklich erwähnt. Im allgemeinen wird 1. Mose 38,8-10 herangezogen, um zu belegen, daß Gott die Selbstbefriedigung ablehnt. Das größte Problem mit dieser Stelle liegt allerdings darin, daß es hier überhaupt nicht um Selbstbefriedigung geht! Onan schlief mit der Witwe seines Bruders, wie es das jüdische Erbfolgegesetz verlangte. Von Selbststimulierung kann in diesem Fall also gar keine Rede sein. Es ging auch nicht um ein sexuelles Problem, sondern er verletzte Gottes Gebot.

Ziel dieses besonderen Gebotes war es, dafür zu sorgen, daß die hebräische Linie weiterbestand. Wenn ein Mann starb, ohne Kinder gezeugt zu haben, so war das damals eine Katastrophe. Um das zu vermeiden, gebot das Gesetz, der Bruder des verstorbenen Mannes müsse dessen Witwe heiraten und die aus dieser Verbindung hervorgehenden Kinder würden als Nachkommen des Verstorbenen gelten. Sie würden seinen Besitz erben und seinen Namen tragen (5. Mose 25,5-6).

Onan verletzte dieses Gesetz. Er schlief zwar mit der Witwe seines Bruders, zog sich aber vor dem Orgasmus zurück und ließ seinen Samen auf den Boden fallen. Er wollte nicht für seinen Bruder Kinder zeugen. Onan wurde bestraft, aber nicht wegen Masturbation, sondern weil er Gottes Gebot mißachtet hatte. So kann also der Abschnitt, der oft als Beispiel für Masturbation in der Bibel hinzugezogen wird, gerade dafür kein Beispiel sein. Der einzige Grund dafür, daß dieser Abschnitt so oft in diesem Zusammenhang gebraucht wird, besteht darin, daß es keine andere Stelle zu dieser Thematik gibt. Die Schrift wendet sich jedoch deutlich gegen Begierde und jedes Verhalten, das unreine Gedanken fördert oder stärkt.

Die Gefahren der Selbstbefriedigung

Der Teenager, der sexuelle Bedürfnisse empfindet wie ein Erwachsener, aber noch nicht für die Verbindlichkeit einer Ehe bereit ist, könnte die Masturbation zur sexuellen Entspannung als natürliche Phase seiner sexuellen Entwicklung betrachten, die später überwunden wird, wenn tiefere Beziehungen zum anderen Geschlecht entstehen. Für den Erwachsenen, der, aus welchen Gründen auch immer, ledig bleibt, könnte sie denselben Zweck erfüllen. Immerhin verschafft sie sexuelle Befriedigung ohne die möglichen Konsequenzen wie Schwangerschaft, Krankheit oder Ablehnung.

Wenn es aber so einfach wäre, dann gäbe es nicht den ständigen Kampf mit Gefühlen von Einsamkeit, Leere und Schuld, von denen die meisten Menschen, die sich der Masturbation hingeben, heimgesucht zu werden scheinen. Andererseits sollte uns dieses Empfinden von Leere und Einsamkeit nicht überraschen, wenn wir uns vor Augen halten, welche Rolle Gott unserer Sexualität zugedacht hat – eine Beziehung, die eine lebenslange verbindliche und von Liebe geprägte Verbindung zwischen zwei Menschen zum Ausdruck bringt. Die Masturbation steht in diesem Fall anstelle einer Beziehung. Doch sie ist ein ungenügender Ersatz für die sexuelle Einheit mit einem Partner fürs Leben.

Obschon es also töricht ist anzunehmen, durch Masturbation könnte das Bedürfnis nach Nähe zu einem anderen Menschen gestillt werden, sollte sie auch nicht dazu führen, daß man sich nun selbst verachtet. Es gibt viele Bereiche im Leben, mit denen wir uns immer wieder auseinandersetzen müssen; ich denke da etwa an das Bild, das wir uns von Gott machen, oder an unsere Beziehung zu ihm, an unsere Vergebungsbereitschaft und auch an unser Selbstwertgefühl. Wir brauchen das Thema Selbstbefriedigung nicht überzubewerten. Ein hilfreicher Maßstab, um sich selbst über «recht» und «unrecht» der Selbstbefriedigung klar zu werden, ist die Frage: «Verstärkt sie die Begierde?»

Es gibt im Zusammenhang mit der Selbstbefriedigung allerdings auch Gefahren, und auf einige, die nicht auf den ersten Blick erkennbar sind, wollen wir hier näher eingehen. Dabei geht es um Selbstbefriedigung als Gewohnheit. Das ist ein Problem sowohl für den betroffenen Menschen als auch für seine künftige Ehe.

Zwanghaftigkeit

Nehmen wir als Beispiel John, einen zweiundzwanzigjährigen ledigen Christen. John fühlt sich in Gesellschaft eher unsicher. Obschon er in seinem Beruf als Programmierer kompetent und erfolgreich und in seinem kleinen Freundeskreis durchaus akzeptiert ist, kämpft er mit Selbstzweifeln und einem schwachem Selbstbewußtsein. Als Folge davon neigt er zu Schüchternheit, ist sehr zurückhaltend und war noch nie über längere Zeit mit einem Mädchen befreundet. John masturbiert zwanghaft bis zum Orgasmus, und zwar zwei- bis dreimal am Tag. Er schämt sich, fühlt sich aber nicht in der Lage, damit aufzuhören.

John hat, wie viele andere junge Menschen, einen vorübergehenden Ausweg aus seinen negativen Gefühlen gefunden, indem er sich selbst sexuell stimuliert. Er gerät damit in einen Kreislauf, der schließlich zu einer regelrechten Masturbationssucht führt. Dieser Kreis sieht so aus:

schmerzliche Gefühle von
Versagen, Einsamkeit,
Angst, Selbstzweifel

deshalb
Schuldgefühle und
Selbstvorwürfe

Selbstbefriedigung
verschafft ein (pseudo-)
angenehmes Gefühl
und vermeidet
negative Gefühle

Wie die Abbildung zeigt, beginnt der Kreislauf mit Johns negativem Selbstbild und seinem Wunsch, die schlechten Gefühle loszuwerden. Diese Flucht funktioniert natürlich nur vorübergehend und führt dazu, daß die Selbstzweifel und das Gefühl, ein Versager zu sein, noch weiter zunehmen, was wiederum den Wunsch, in angenehme Empfindungen zu flüchten, verstärkt.

Für John liegt die Lösung nicht in erhöhter Selbstdisziplin – Zähne zusammenbeißen und den Wunsch nach Selbstbefriedigung unterdrücken –, sondern darin, sich selbst als wertvollen und liebenswerten Menschen sehen zu lernen. Teil der Befreiung wird es sein, den Aufbau angemessener, gesunder Beziehungen zu Frauen einzuüben. Er muß andere Menschen an seine emotionalen Bedürfnisse heranlassen und das Risiko von Beziehungen akzeptieren. Wenn er das tut, wird er vermutlich feststellen, daß der Zwang zu masturbieren immer mehr abnimmt, bis diese unwirksame und ungeeignete Methode, sich dauerhaft angenehme Gefühle zu verschaffen, schließlich durch befriedigendere Beziehungen zu anderen Menschen abgelöst ist.

Schlechte sexuelle Gewohnheiten

Jim war siebenundzwanzig, als er Peggy heiratete. Vor der Heirat masturbierte er mehrmals pro Woche, um den sexuellen Druck zu entladen. Jim fühlte sich dabei zwar nicht unbedingt wohl, aber er war auch nicht besessen. Weil sein Leben davon nicht weiter beeinflußt wurde, dachte er über die Angelegenheit auch nicht weiter nach. Nach der Heirat allerdings befanden sich beide Neuvermählten in einem großen Dilemma. Jim hatte Probleme mit vorzeitiger Ejakulation. Es fiel ihm sehr schwer, so lange zu warten, daß auch Peggy sexuell befriedigt wurde. Oft ejakulierte er schon während des Vorspiels. Der Frust und die Peinlichkeit der Situation stellten die junge Ehe ernsthaft auf die Probe. Obschon er es damals noch nicht erkannte, war Jims Problem das Ergebnis seines früheren Verhaltens.

Normalerweise kommen Mann und Frau nicht gleich schnell zum Orgasmus. Vor allem junge Ehemänner haben oft zu kämpfen, um ihre Erregung zu zügeln, damit auch ihre Frauen den Höhepunkt erreichen. Wer nun jedoch über längere Zeit masturbiert hat, hat sich dabei einige schlechte Gewohnheiten angeeignet. Weil das Ziel der Selbstbefriedigung in der Entladung der sexuellen Spannung liegt, soll der sexuelle Höhepunkt normalerweise möglichst schnell erreicht werden. Das hat in der Ehe im allgemeinen eine vorzeitige Ejakulation zur Folge.

Vorzeitige Ejakulation ist nur selten eine ernsthafte sexuelle Funktionsstörung und kann durch eine entsprechende Therapie leicht behoben werden. Das Problem kann für ein Ehepaar allerdings äußerst belastend sein und zu weiteren Mißverständnissen und Bitterkeit führen. Frauen, die zwanghaft masturbiert haben, erleben oft, daß sie zu sexueller Erregung nicht mehr richtig fähig sind. Dazu sei außerdem angemerkt, daß auch vorehelicher Geschlechtsverkehr oft vorzeitige Ejakulation zur Folge hat, weil es auch bei ihm in erster Linie um eine Befriedigung der eigenen Bedürfnisse geht.

Das Problem der Steigerung

Eine weitere Gefahr der Masturbation, die übrigens fast jede sexuelle Aktivität in sich birgt, ist die Tendenz, sie immer häufiger zu praktizieren. In anderen Worten, je öfter man es tut, desto öfter wird man es tun wollen. Langfristig kann die Selbstbefriedigung als Entladung der sexuellen Spannung deshalb nicht funktionieren, im Gegenteil. Wer masturbiert, wird vielleicht unmittelbar danach eine gewisse Erleichterung verspüren, im allgemeinen aber verstärkt die sexuelle Betätigung den Sexualtrieb. So spornen Selbstbefriedigung und auch andere sexuelle Aktivitäten wie Geschlechtsverkehr oder Petting zu vermehrter Aktivität an.

Wenn das Ziel ein Abbau der Spannung ist, dann wäre es weitaus hilfreicher, die Gedanken und Gefühle auf etwas anderes auszurichten, von sich weg zu schauen, gesunde und nahe, aber nicht sexuell geprägte Beziehungen zu Männern und Frauen zu pflegen, Interessen und Hobbys zu entwickeln, die das Selbstwertgefühl aufbauen und Erfolgsgefühle vermitteln. Das wichtigste ist es, sexuell erregende Dinge zu meiden: pornographische Zeitschriften, sexuell aufputschende Fernsehsendungen oder Filme und alles andere, was das sexuelle Verlangen steigert. Sicher ist es in unserer Kultur unrealistisch zu erwarten, wir könnten alle solchen Einflüsse aus unserer Umgebung verbannen. Dennoch kann auch mit wenig Anstrengung viel erreicht werden. Langfristig sind alle diese Anregungen weitaus wirksamer, um sexuelle Spannungen abzubauen, als die Masturbation.

Ich fasse zusammen:
– Lassen Sie sich nicht von Ihren Selbstvorwürfen unterkriegen. Masturbation ist zwar bei weitem nicht der beste Ausdruck von Sexualität, aber sie ist auch nicht die *eine* Sünde, für die es keine Vergebung gibt. Selbstbefriedigung macht weder geisteskrank noch faul, noch homosexuell.
– Masturbation wird Ihre Gefühle von Einsamkeit, Angst und Ungenügen nicht beseitigen; sie ist kein Ersatz für fehlende menschliche Zuwendung.
– Anhaltende Masturbation kann zu körperlichen und geistigen Prägungen führen, die zerbrochen werden müssen, damit eine gesunde Ehebeziehung möglich ist.
– Masturbation ist keine Patentlösung; sie ist kurzfristige sexuelle Entspannung ohne Partner.
Das Aufrechterhalten der «technischen» Unberührtheit, sei das nun durch Petting oder durch Selbstbefriedigung, ist oft zerstörerisch und für eine Beziehung nie hilfreich. Beide Verhaltensweisen führen zu Verunsicherung, Frust und Schuld, vor allem bei Menschen, die den biblischen Anforderungen dennoch genügen und sexuell rein bleiben wollen.
Aber würden Sie denn, wenn Sie um acht in ein Vier-Sterne-Restaurant zum Essen eingeladen sind, um sieben

noch geschwind in einen Schnellimbiß gehen? Sicher nicht; der Genuß, die Vorfreude auf das Essen in einem gediegenen Restaurant wären Ihnen die Wartezeit wohl wert.

Ähnlich hat Gott der Ehe «vier Sterne» zugedacht. Er selbst hat uns so geschaffen, daß wir nur in der Ausschließlichkeit der Ehe völlige Erfüllung finden.

Zusammenwachsen

1   2   3   4   5   6   7   8   9   10

extrem unwohl   **vollkommen wohl**

1) Kreuzen Sie auf der Skala an, wie Sie sich fühlen oder in der Vergangenheit gefühlt haben, wenn Sie an Ihre körperlichen Beziehungen zu Menschen des anderen Geschlechts denken.

2) Welche Zahl wird Ihrer Meinung nach Ihr Partner/ Ihre Partnerin ankreuzen?

3) Was müßte sich ändern, damit Sie sich vollkommen wohl fühlen? . . . .
. . . .
. . . .
. . . .

4) Was können Sie selbst dazu tun? . . . .
. . . .
. . . .
. . . .

«*Es ist äußerst unrealistisch, zu hoffen, etwas, was jahrelang tabu war, würde sich mit der Hochzeit schlagartig und um 180 Grad ändern und würde nun auf einmal als absolut wunderbar empfunden werden.*»

5

DIE FALLE DER ENTHALTSAMKEIT

Als Bob und Jane zum ersten Mal zu mir kamen, waren sie gerade drei Wochen verheiratet. Jane war zutiefst deprimiert, Bob war frustriert. Beide zeigten sich durch und durch enttäuscht von ihrer sexuellen Beziehung.

«Vor der Hochzeit haben wir alles richtig gemacht!» sagte Bob fast zornig. «Wir haben gebetet, die Bibel gelesen, viel geredet, wir haben nie zusammen geschlafen, wir haben alle Regeln befolgt! Trotzdem war die Hochzeitsnacht eine einzige Katastrophe! Wir hatten beide das Gefühl, alles sei irgendwie falsch. Jane hatte Angst, und mir war es peinlich. Nachher ging es uns beiden mies – wir hatten Schuldgefühle und waren irgendwie wütend. Seitdem geht es etwas besser, aber nicht wesentlich. Wir fühlen uns betrogen. Niemand hat uns gesagt, daß es so sein würde.»

Wir nahmen uns viel Zeit, um über ihre Verlobungszeit zu reden. Bob und Jane waren das genaue Gegenteil von den Paaren, mit denen ich es sonst zu tun habe. Sie waren übereingekommen, sich den ersten Kuß erst in der Hochzeitsnacht zu geben, und hatten beschlossen, jeden körperlichen Kontakt zu vermeiden, bis sie tatsächlich verheiratet waren.

Völlige Enthaltsamkeit vor der Ehe

Ich kenne andere Paare, die eine ähnliche Haltung einnahmen. Wie Bob und Jane sind es in der Regel engagierte und ziemlich selbstdisziplinierte Christen voller guter Absichten. Ihre Logik hat Sinn. «Wenn wir ja sowieso das ganze Leben miteinander verbringen wollen, dann haben wir noch genug Zeit für Sex. Und falls wir doch nicht heiraten, weshalb dann überhaupt damit beginnen?»

In seiner Studie über das Sexualverhalten von Teenagern stieß Josh McDowell auf dieselbe Haltung. In seinem Buch *Why Wait? (Weshalb warten?)* veröffentlichte er verschiedene Briefe junger Menschen, die etwas davon zum Ausdruck bringen.

> *«Ich habe mich verpflichtet, keine körperliche Beziehung zu einem Mann zu haben, bevor ich verheiratet bin. Ich will nicht einmal jemanden küssen. Das erscheint den Menschen heutzutage seltsam, weil Sex auf die leichte Schulter genommen wird und man sich nur so zum Vergnügen küßt. Aber wie kann ich ehrbare, reine und liebenswerte Gedanken haben (nach Philipper 4,8), wenn ich gleichzeitig jemandem in den Armen liege? Wie kann ich nach dem sinnen, ‹was droben ist› (Kolosser 3,2), wenn ich gleichzeitig den Mund eines Mannes auf dem meinen spüre?»* [8]

Ich will hier nicht auf die Überlegungen eingehen, die Bobs und Janes Entscheidung zugrunde liegen. Wenn ein Paar seine körperliche Beziehung so gestalten will, dann kann ich ihm nur Mut machen, seinen Überzeugungen treu zu bleiben. Allerdings birgt auch diese Haltung einige Gefahren in sich.

Allzu ernste Warnungen vor sexueller Promiskuität
könnten den Schluß nahelegen, das Gegenteil müsse dann
auf jeden Fall richtig sein – wenn unkontrollierte sexuelle
Freiheit schlecht ist, dann ist totale körperliche Enthaltsamkeit gut! Wenn wir diese Überlegung einmal zu Ende
denken, dann müßten wir aber alle als Priester oder Mön-
che leben – lebenslängliches Zölibat und ganzer Einsatz
für geistliche Ziele wären das einzig Richtige. Und manchmal scheint das auch die einzig vernünftige Alternative zu
sein. Das dachten die Jünger, als Jesus ihnen in Matthäus
19 die Bedeutung der Scheidung erklärte. Seine Antwort
ist interessant. Er betonte, daß nicht alle als Ledige leben
können, sondern nur «... die, denen es gegeben ist» (Matthäus 19,11). Das heißt aber auch, daß das Ledigsein für die
meisten Menschen nicht die Lösung ist. Irgendwo muß es
sowohl für Singles wie auch für Paare ein Gleichgewicht
geben zwischen der gesunden sexuellen Entwicklung und
der gelebten Sexualität.

Denken Sie noch einmal daran, daß sexuelles Verlangen
und sexuelle Nähe in einer Beziehung auf ganz natürliche
Weise wachsen. Paare, die heiraten wollen, beginnen
beim Händchenhalten und haben von der Hochzeit an
Geschlechtsverkehr. Der ganze Prozeß ist natürlich weit
komplexer, aber vereinfacht dargestellt würde er etwa so
aussehen:

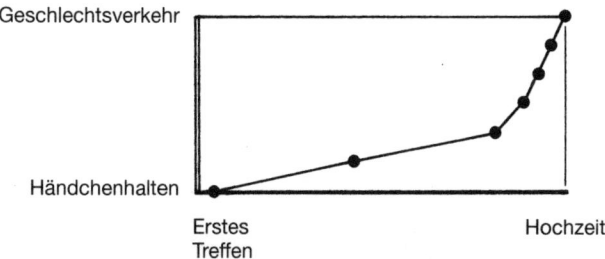

Von dem Augenblick an, in dem eine Beziehung beginnt, bis ein Paar schließlich heiratet, sucht es auch nach einem körperlichen Ausdruck für seine Beziehung. (Was geschieht, wenn der körperliche Ausdruck zu früh in die Beziehung hineinkommt, wurde schon ausführlich dargelegt.) Wenn sich das Paar für den Geschlechtsverkehr entscheidet und wir davon ausgehen, daß es schließlich heiraten wird (was nicht immer der Fall ist), dann kann eine Grafik etwa wie unten aussehen. Die Abbildung zeigt, daß die körperliche Beziehung so schnell voranschreitet, daß der Geschlechtsverkehr schon vor der Hochzeit stattfindet. Hier liegt der Ursprung zahlreicher Probleme.

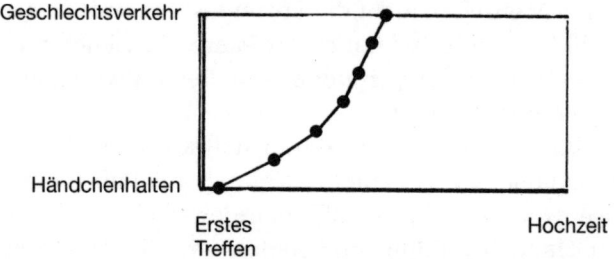

Bei Paaren, die körperlich völlig enthaltsam bleiben wollen wie Bob und Jane, sähe die Kurve folgendermaßen aus:

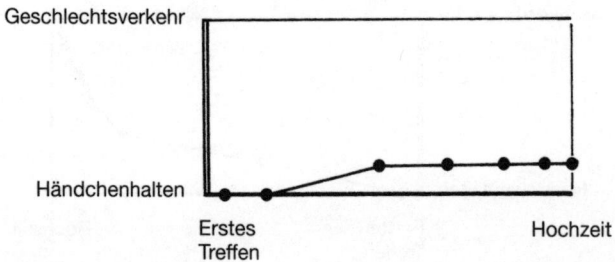

Hier sprechen wir von «vorzeitigem Vollzug». Vorzeitig deshalb, weil die emotionale Entwicklung der körperlichen Beziehung des Ehepaares hinter den Erwartungen, die beide an den Geschlechtsverkehr haben, hinterherhinkt. In anderen Worten, ein Paar ist emotional möglicherweise noch nicht zum Geschlechtsverkehr bereit, obwohl es gerade geheiratet hat. Ich möchte dabei unterstreichen, daß der vorzeitige Vollzug weder etwas mit Gesetz noch mit Moral zu tun hat, sondern daß es dabei um die Gefühle geht. Von vorzeitigem Vollzug muß man dann sprechen, wenn die emotionale Entwicklung abgekürzt wurde.

Probleme des vorzeitigen Vollzugs

Wir haben bereits gesehen, daß die sexuelle Beziehung eine fortschreitende Entwicklung durchläuft. Weiter ist es eine Tatsache, daß unsere biologischen und emotionalen Reaktionen sich nicht immer vom Verstand steuern lassen. Weil das so ist, ist es aber höchst unrealistisch zu meinen, etwas, was jahrelang tabu war (Sex), würde sich exakt am Tag der Hochzeit schlagartig ändern und nun auf einmal als absolut wunderbar empfunden werden. Unser Kopf mag dazu ja sagen, aber die Wahrscheinlichkeit, daß die Gefühle nein sagen, ist groß. Ein junges Paar bekommt deswegen Schuldgefühle oder Angst, selbst wenn dafür überhaupt kein Grund besteht, weder von Gesetzes wegen noch vom moralischen oder biblischen Standpunkt aus. Der natürliche Prozeß des Zusammenwachsens muß berücksichtigt und geachtet werden. Wird er abgekürzt, so führt das zu Problemen auf der Gefühls- und auf der Beziehungsebene.

Es gibt noch weitere Faktoren, die bewirken können, daß die Hochzeitsnacht für Paare wie Bob und Jane alles andere als angenehm verläuft. So ist der erste Geschlechtsverkehr zum Beispiel für die Frau oft schmerzhaft. Das kann, zusammen mit der Spannung und der

Furcht vor einer solch massiven Veränderung von Per-
spektiven, Reaktionen und Verhalten, zu einem äußerst
negativen Erlebnis führen. Es kommt auch vor, daß der
jungvermählte Ehemann sich nicht über die Bedürfnisse
und Wünsche seiner Frau im klaren ist. Vielleicht ist er zu
sehr damit beschäftigt, wie er selbst zum Höhepunkt
kommt. Alle diese Faktoren trugen dazu bei, daß Bob und
Jane ihre sexuelle Beziehung unter einem negativen Vor-
zeichen begannen.

Verspäteter Vollzug

Paaren, die vor der Ehe stehen und dieselben Überzeugungen haben wie Bob und Jane, empfehle ich folgendes:
Wenn Sie sich darin einig sind, daß Sie vor der Ehe jeden
romantischen Körperkontakt vermeiden wollen, dann lassen Sie sich von niemandem einreden, Sie müßten in der
Hochzeitsnacht unbedingt Geschlechtsverkehr haben. Ich
kenne viele Paare, deren sexuelle Beziehung sich gesün-
der und glücklicher entwickelt hätte, wenn sie ihre Vereinigung in der Hochzeitsnacht nicht so überstürzt vollzo-
gen hätten. Müdigkeit, Frust, Spannung, Angst, Unwissen
– das alles kann dazu beitragen, daß das Zusammensein zu
einer schlechten Erfahrung wird.

Darum hier ein paar Anregungen, wie Sie einige dieser
potentiellen Schwierigkeiten umgehen können. Zunächst
einmal – nehmen Sie sich vor Ihrer Hochzeit Zeit zum
Gespräch. Reden Sie ganz offen und ehrlich darüber, wie
es Ihnen beiden am liebsten wäre. Vielleicht ist Ihnen
dabei etwas unbehaglich, aber Sie ersparen sich damit
Jahre der Reue und schmerzlicher Erinnerungen. Verein-
baren Sie anschließend, wie weit Sie gehen wollen, und
zwar so, wie es dem Empfindlicheren von Ihnen beiden
entspricht. Wenn also beispielsweise der Mann gern den
Körper seiner Frau streicheln würde, sie sich aber nur beim
Küssen noch wohlfühlt, dann bleiben Sie vorläufig beim

Küssen, und zwar solange, bis die Frau ihr eigenes Tempo gefunden hat. Es ist überhaupt nichts dabei, die Phasen des Küssens, der Zungenküsse, des Pettings und des Schmusens erst in den Tagen und Wochen *nach* der Hochzeit zu durchlaufen, bevor man dann zum Geschlechtsverkehr kommt. Wenn Sie die einzelnen Phasen so gestalten, daß Sie sich beide dabei wohlfühlen, dann werden Sie die völlige sexuelle Vereinigung weit mehr genießen, als wenn Sie es gleich in der Hochzeitsnacht probiert hätten. In der Grafik sähe das dann so aus:

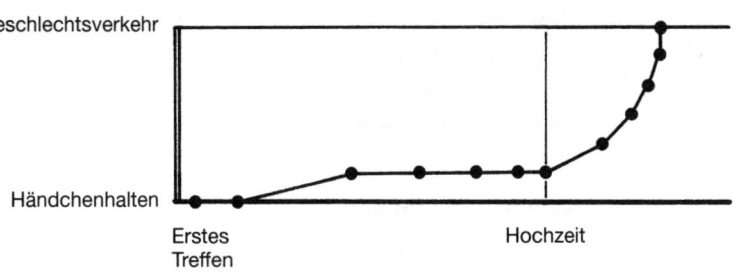

In seinem Buch *Und die Zwei werden sein ein Fleisch* macht Joseph Dillow einen ausgezeichneten Vorschlag für Paare wie Bob und Jane, die in ihrer sexuellen Beziehung langsamer und behutsamer vorgehen wollen:

Die junge Frau könnte zuerst ins Bad gehen, während der Ehemann noch im anderen Zimmer ist. Eine Kerze schafft eine warme, romantische Atmosphäre. Während sie gemeinsam in der Wanne entspannen, können sie den zurückliegenden Tag besprechen, miteinander reden und sogar beten und Gott für das Geschenk danken, das er ihnen mit dem anderen gegeben hat. Das warme Wasser spült die Spannungen des Tages fort, und der Schaum verhüllt den Körper der Frau, so daß die Situation für sie ganz relaxed bleibt. Dann sollten sie beginnen, sich im Wasser, noch im Schutz des Schaumbads,

*gegenseitig zu stimulieren. Wenn die sexuelle Span-
nung zunimmt und die Vorfreude wächst, schwinden
auch allmählich die anfänglichen Ängste, und der Wech-
sel ins Bett erscheint ganz natürlich.*[9]

Es gibt zahlreiche andere Möglichkeiten, um Hemmungen
zu überwinden; wichtig ist jedoch, daß Sie sich entspannen, daß Sie offen über Ihre Gefühle reden und ein Tempo
einschlagen, bei dem Sie sich beide ganz und gar wohlfühlen. Betrachten Sie es als ein Abenteuer, den anderen zu
entdecken. Und noch etwas: Seien Sie bereit, übereinan-
der und miteinander zu lachen, wenn nicht alles so glatt
geht wie im Film (das kommt nämlich so gut wie nie vor!).
Sie werden noch Jahre später etwas zu lachen haben –
auch wenn Sie niemandem sonst davon erzählen können!

Wie Gott es *nicht* gemeint hat

Bei manchen Paaren ist die sexuelle Enthaltsamkeit nicht
das Ergebnis einer gemeinsam getroffenen Entscheidung,
sondern basiert auf Unwissen, falschen Vorstellungen und
einem völligen Mißverstehen von Gottes Absichten für die
eheliche Liebe. So auch bei Tim und Judy.

Beide kamen aus Familien mit sehr strengen moralischen Prinzipien. Ihre Eltern waren Missionare in Nord-
afrika, und Tim und Judy lernten sich schon als Kinder
kennen. In beiden Familien war man nicht besonders zärtlich – Umarmungen und Küsse unter den Familienmitglie-
dern gab es nur selten. Tim konnte sich nicht erinnern, daß
das Thema Sex zu Hause je angesprochen worden wäre.
Und Judy wurde nur einmal damit konfrontiert, als sie
nämlich als Heranwachsende vor den gefahrvollen Sünden der Begierde und der Unzucht gewarnt wurde.

Als Tim und Judy in die USA zurückkehrten, um dort
eine Bibelschule zu besuchen, fanden sie kaum Freunde,
die ihre konservativen Ansichten geteilt hätten. So war es

nur natürlich, daß sie sich aneinander anschlossen. Bald nach dem Studienabschluß heirateten sie.

Als sie einen Beratungstermin vereinbarten, waren sie fast ein Jahr verheiratet. Schon in der ersten Sitzung wurde klar, daß sie noch nicht zusammen geschlafen hatten. Tim war frustriert und fühlte sich irgendwie schuldig, weil er seine Frau begehrte. Doch jedes Mal, wenn er auf das Thema zu sprechen kam, machte Judy ihm klar, daß sie noch nicht bereit seien, Kinder zu haben, und äußerte Zweifel an seiner geistlichen Einstellung. Tim hatte deshalb aufgehört, diesen Bereich zur Sprache zu bringen, wurde aber von Gedanken der Begierde, von Schuldgefühlen und Groll geplagt.

Im Verlauf mehrerer Sitzungen versuchte ich den beiden vorsichtig klarzumachen, welche Rolle Gott der Sexualität in der Ehe zugedacht hat, bis sie schließlich erkannten, daß ihre bisherigen Ansichten nicht mit der Schrift im Einklang standen.

Tim und Judy hatten ihre eigenen Vorstellungen in Gott hineinprojiziert. Sie kannten ein paar einzelne Bibelstellen, die ihre Meinung unterstrichen, und hatten von dort auf die ganze Bibel geschlossen.

Ich habe schon verschiedene wohlmeinende Christen sagen hören, der Geschlechtsakt sei eine Folge des Sündenfalls. Sie meinen, der Geschlechtsverkehr sei ein Teil der Sünde, die Adam mit dem Essen der verbotenen Frucht über die Menschheit gebracht habe. Schlagen Sie dazu einmal das erste Kapitel der Bibel auf. Lesen Sie das ganze Kapitel, und betrachten Sie dann den Vers 28:

Und Gott segnete sie, und Gott sprach zu ihnen: Seid fruchtbar und vermehrt euch, und füllt die Erde, und macht sie euch untertan; und herrscht über die Fische des Meeres und über die Vögel des Himmels und über alle Tiere, die sich auf der Erde regen!

Gott sagt hier zu Adam und Eva, sie sollten sich vermehren, und was bedeutet das anderes als Sex?! Falls er nun nicht einige wichtige Veränderungen am menschlichen Körper vorgenommen hat, die uns mitzuteilen er vergessen hat, dann war Sex für Adam und Eva dasselbe wie für uns heute.

Die Sünde Adams und damit der Fall des Menschen geschehen erst im dritten Kapitel des ersten Buches Mose. Das zeigt deutlich, daß Gott den Geschlechtsverkehr erschuf und wollte, schon bevor die Sünde in die Welt kam. Soviel also zur Ansicht, Sex sei an sich böse.

Nun lesen Sie Vers 31:

Gott sah alles, was er gemacht hatte, und siehe, es war sehr gut. Und es wurde Abend, und es wurde Morgen: der sechste Tag.

Wenn Gott sagt, alles, was er gemacht hatte, war sehr gut, dann ist auch die Sexualität darin eingeschlossen. Er schließt in diese Feststellung die ganze Anatomie des Mannes und die ganze Anatomie der Frau ein. Das ist interessant. Ein Einblick in die weibliche Anatomie ergibt nämlich, daß es da ein kleines Organ namens Klitoris gibt, genau oberhalb der Scheide. In der Klitoris laufen zahlreiche Nervenenden zusammen, deshalb reagiert sie äußerst stark auf Berührung. Interessant ist nun, daß die Klitoris keine erkennbare Aufgabe hat außer der körperlichen Stimulation und Erregung. Das zeigt, daß Gott die Klitoris einzig und allein mit dem Ziel geschaffen hat, daß die Frau sexuellen Genuß erfährt – was doch ziemlich viel aussagt über des Schöpfers Einstellung zum Sex.

Denken Sie noch ein wenig darüber nach. Nachdem Gott den Geschlechtsverkehr, nachdem er sämtliche Teile des menschlichen Körpers erschaffen hatte, sah er «alles, was er gemacht hatte, und siehe, es war sehr gut.» Wenn Sie 1. Mose 2,25 lesen, werden Sie feststellen, daß sich auch Adam und Eva darüber freuten. Gott wollte immer, daß Sex ein echtes Vergnügen ist.

Die Bibel fördert und ermutigt die sexuelle Beziehung innerhalb der Stabilität einer Ehe, nie aber außerhalb. Doch innerhalb dieser liebevollen Verbindung in der Ehe stellt Gott absolut keine sexuellen Schranken auf.

Für viele Christen ist das schwer zu akzeptieren, weil sie meinen, daß Paulus ihren Sexualtrieb in seiner Aussage über die «Lüste des Fleisches» verurteilt. Deshalb erfinden sie Einschränkungen, die sie als besonders fromm darstellen, verhindern damit aber nur ihre eigene Erfüllung. In Kapitel 8 werden wir noch näher darauf eingehen, was Gott über die Sexualität gesagt hat.

Tim und Judy begannen, selbst in der Bibel nachzulesen, was Gott zur Sexualität sagt, und entdeckten dabei auch die positiven Seiten dieses Geschenks. Sie begannen die wunderbare Freiheit der körperlichen Liebe, wie sie Gott für Ehepaare geplant hat, zu verstehen und zu erleben. Sie erlebten ihre Ehe als ein aufregendes Abenteuer, von dessen Existenz sie zuvor nicht einmal gewußt hatten.

Zusammenwachsen

1) Wie würden, rein theoretisch, Ihre Freunde reagieren, wenn Sie beschließen würden, vor der Ehe jeden Körperkontakt zu vermeiden? Was würde Ihre Familie dazu sagen?

Wie reagieren Sie normalerweise auf den Druck Ihrer Umgebung: mit Kompromissen, Rückzug oder Widerstand?

Wie weit würden Sie sich von den Reaktionen Ihrer Freunde und/oder Familienmitglieder beeinflussen lassen?

2) Wenn Sie sich entschlossen haben, Körperkontakte noch hinauszuschieben, inwieweit denken Sie, daß Ihre früheren Beziehungen mit dieser Entscheidung zu tun haben?

3) Wie möchten Sie sich für die erste sexuelle Begegnung mit Ihrem zukünftigen Ehepartner vorbereiten?

Für eine eingehendere Auseinandersetzung mit dem Thema hier zwei Vorschläge:

David Hocking, *Romantische Liebe aus dem Lied der Lieder*, C. M. Fliß, 1990.

Joseph Dillow, *Und die Zwei werden sein ein Fleisch*, Leonis.

«*In einer Kultur, die sexuelle Aktivität so
intensiv befürwortet wie die unsere, vermeiden
wir es sorgfältig, die Gefahren und
Gesundheitsrisiken dieses Lebensstils beim
Namen zu nennen.*»

6

EINE ZWEISCHNEIDIGE SACHE

Als Sarah zu mir in die Praxis kam, war sie voller Angst und Sorgen. Als alleinerziehende erwerbstätige Mutter hatte sie auch ohne die neueste Krise noch genug Probleme. Und nun hatte ihre sechzehnjährige Tochter Julie gerade ein kleines Mädchen zur Welt gebracht. Das Leben würde sich für alle einschneidend ändern.

An sich war die Situation für Sarah nicht neu. Ihre eigene Mutter war schwanger gewesen, bevor sie geheiratet hatte. Die Ehe hatte fünfunddreißig lange, jämmerliche Jahre gedauert. Noch immer litt die ganze Familie darunter, obwohl die Kinder inzwischen alle erwachsen waren und Sarahs Vater vor einigen Jahren gestorben war. Noch immer war Glenn, Sarahs ältester Bruder, voller Bitterkeit und Groll, weil er Ursache und Opfer dieser katastrophalen Ehe war.

Sarah heiratete, nachdem sie entdeckt hatte, daß sie schwanger war. Mit achtzehn wollte sie unbedingt von zu Hause ausziehen und hatte sich Hals über Kopf in Tom verliebt. Im Rückblick erkannte sie, daß weder er noch sie für die Ehe bereit waren. Tom verließ sie zwei Jahre nach

der Geburt ihrer Tochter, und seitdem hatte Sarah nichts
mehr von ihm gehört.

Nun hatte sich das Muster in der dritten Generation
wiederholt. «Ich kann Julie einfach nicht klarmachen, wie
ernst die Sache ist», erklärte Sarah. «Ihr Freund streitet ab,
daß das Kind von ihm ist, und will mit Julie nichts mehr zu
tun haben. Sie behauptet immer nur, es würde schon alles
gut, aber sie begreift nicht, daß es viel besser sein könnte.»
Man merkte Sarah die Enttäuschung an. «Ich wollte im
nächsten Semester ein paar Computerkurse besuchen. Ich
hoffte auf eine Beförderung und endlich etwas mehr Geld.
Jetzt muß ich das alles wieder für ein paar Jahre zurück-
stellen. Ich hatte gehofft, Julie könnte studieren, damit sie
es einmal leichter hat als wir, aber jetzt wird das wieder
nichts. Ich glaube kaum, daß wir uns eine Tagesmutter
leisten können. Wahrscheinlich muß ich einfach sehen,
daß ich etwas weniger arbeite, damit jemand das Baby
versorgt. Dann kann Julie wenigstens die Oberschule beenden.»

Das Trauma einer unerwünschten Schwangerschaft
wird von den meisten jungen Menschen unterschätzt.
Jährlich gibt es in den USA deutlich über eine Million
unverheirateter Mütter. Jedes Jahr werden über dreißigtausend Mädchen unter fünfzehn Jahren Mutter. Einige
Studien gehen davon aus, daß 40 % der heute Vierzehn-
jährigen schwanger werden, bevor sie zwanzig sind.[10]

Bei solchen Zahlen kann es einem schwindlig werden!
Die negativen Auswirkungen solcher Verhältnisse auf unser Land, unsere Familien, auf die nächste Generation und
vor allem auf die unverheirateten Mütter und ihre Kinder
selbst sind unermeßlich.

Die meisten jungen Mütter in den USA leben unter der
Armutsgrenze. Nur die Hälfte der Mädchen, die vor dem
achtzehnten Altersjahr ein Kind bekommen, schließen die
Oberschule ab (gegenüber 96 % ohne Kind). 71 Prozent
der Frauen unter dreißig Jahren, die Fürsorgeleistungen

beziehen, hatten ihr erstes Kind mit weniger als zwanzig Jahren. Das *Center for Population Options (Zentrum für Bevölkerungsentwicklung)* schätzt, daß Ende der 70er Jahre für die Unterstützung unverheirateter Mütter in Amerika acht Milliarden Dollar aufgewendet wurden. 1986 beliefen sich diese Kosten bereits auf 17 Milliarden Dollar. Die Zahl ist weiter im Steigen begriffen.[11]

Die Krankheits- und auch die Sterberate ist bei Babies unverheirateter Mütter besonders hoch. Außerdem entwickeln sie sich häufiger zu Problemkindern und sind anfälliger für Gefühls- und Verhaltensstörungen als andere Kinder. Die Rate der Kindesmißhandlungen liegt bei diesen Kindern deutlich über dem Landesdurchschnitt.

An sich würde man meinen, die einfachste Antwort auf das Problem der ungewollten Schwangerschaften sei der Gebrauch von Verhütungsmitteln. In den letzten zwanzig Jahren wurden Verhütungsmittel entwickelt, verbessert, angepriesen und verteilt wie nie zuvor. Heute sind rezeptfreie Verhütungsmittel wie Präservative, Schaum oder Cremes für alle Menschen jeden Alters erhältlich. Das Problem der ungewollten Schwangerschaften jedoch hat sich auch nach zwei Jahrzehnten frei zugänglicher Verhütungsmittel nicht gelöst. Die meisten Statistiken zeigen vielmehr, daß es sich in den letzten fünfundzwanzig Jahren deutlich verschärft hat.

Das Hauptproblem beim Gebrauch von Verhütungsmitteln bei Unverheirateten liegt darin, daß sie entweder unverantwortlich oder gar nicht eingesetzt werden. Die in unserer Kultur vorherrschende Haltung ist in sich widersprüchlich. In bezug auf das sexuelle Verhalten gibt es unter Singles eine Doppelnorm. Einerseits gilt Unberührtheit als unreif und «nicht cool», andererseits ist *geplanter* außerehelicher Sex doch irgendwie unmoralisch. Es ist verständlich, verzeihlich, ja sogar erwünscht, daß einen die Leidenschaft mit sich reißt, aber Sex zu planen und darum ein Verhütungsmittel zu benützen, gilt als schlecht.

In einem Interview in *Psychology Today* (Psychologie heute) brachte eine Teenagerin es auf den Punkt: «Wenn ich es täte [ein Verhütungsmittel benutzen], dann hätte ich mehr Sex. Dann wäre es zu einfach ... Ich habe das Gefühl, das wäre dann irgendwie nicht richtig. Ich bin nicht so erzogen worden.»[12]

Diese Haltung wird durch die Menschen in meiner Beratung eindeutig bestätigt. Ich bin überrascht über die hohe Anzahl unverheirateter Personen, die als «cool» und sexuell «frei» gelten und die sich, wenn sie wirklich ehrlich sind, zutiefst schuldig fühlen, wenn sie Verhütungsmittel gebrauchen. Das scheint besonders auf Frauen zuzutreffen, die nicht als «leicht» oder «verfügbar» gelten wollen. Wenn man täglich die Pille schluckt oder ein Diaphragma mit sich herumträgt – «nur für den Fall, daß» –, wird man allerdings nicht darum herumkommen, sich früher oder später einzugestehen, daß diese Begriffe eben doch auf einen zutreffen.

Natürlich sehen sich die meisten Menschen nicht gern als statistische Größen. Die meisten sexuell aktiven Singles planen keine Schwangerschaft, auch wenn sie selten Verhütungsmittel gebrauchen. Die meisten ledigen Schwangeren erwarteten, oder hofften zumindest, sie würden die Statistik widerlegen. Und natürlich gibt es Ausnahmen von diesen Statistiken, aber sie sind äußerst selten.

Ledige Frauen haben, wenn sie schwanger werden, vier Möglichkeiten. Egal, welche sie wählen, sowohl ihr eigenes wie das Leben vieler anderer Menschen wird sich grundlegend ändern. Welches sind diese Möglichkeiten? Sie können: 1) heiraten, damit das Kind eine richtige Familie hat; 2) das Kind allein aufziehen (vielleicht später heiraten); 3) das Kind abtreiben; 4) das Kind zur Adoption freigeben. Einige Konsequenzen dieser Möglichkeiten wollen wir jetzt näher betrachten.

Verfrühte Heirat

Meist führt eine Heirat wegen Schwangerschaft zu ernsthaften Problemen. Die Beziehung, die eigentlich noch im Wachsen war, wird abgewürgt, wenn die beiden in eine Elternrolle gedrängt werden, mit der sie nicht gerechnet und auf die sie sich nicht vorbereitet haben. Oft entsteht dadurch Groll aufeinander und auf das Kind. Dahinter verbirgt sich meist Enttäuschung und ein tiefes Gefühl des Versagens, weil die Lebenspläne, -ziele und -ideale geändert werden müssen. Die Bedürfnisse des Kindes und die Bedürfnisse der Partner führen zu Anforderungen, denen die meisten jungen Beziehungen nicht gewachsen sind.

Nicht immer enden diese Ehen in einer Scheidung, aber die Kommunikation ist nur selten gut entwickelt, und auch wenn sie einmal gut war, verkümmert sie in der Regel. Konflikte werden oft nicht gelöst, und bei beiden Partnern besteht ein erhöhtes Risiko, daß sie einander untreu werden. Groll, Reue und Schuld werden Teil der Ehe. Dabei gibt es nur Verlierer. Den größten Verlust allerdings erleidet das unschuldige Kind, das sich die Situation ja nicht aussuchen konnte. Obschon eine professionelle Therapie bei solchen Ehepaaren wahre Wunder wirken kann, verschließen sich die meisten jungen Paare einer Beratung.

Alleinerziehende Mütter

Es gibt wohl Ausnahmen, aber meist sind die Väter bei vorehelichen Schwangerschaften abwesend, unbeteiligt oder desinteressiert. Noch in der letzten Generation war es klar, daß ein Paar heiratete, wenn die Frau schwanger wurde. Solche Ehen waren zwar oft alles andere als befriedigend, aber immerhin lag der Akzent auf der Verantwortung, nicht auf der eigenen Befriedigung. Heute leisten unverheiratete Väter nur selten einen finanziellen Beitrag für ihre Kinder.

Eine Studie des Guttmacher-Instituts, die in *Psychology Today* veröffentlicht wurde, ergab, daß Familien, denen eine überaus junge Mutter vorstand, siebenmal häufiger unter der Armutsgrenze leben als andere.[13] Abgesehen von der finanziellen Not haben die Betroffenen oft eine sehr unrealistische Vorstellung von Mutterschaft (oder Vaterschaft). Selbst in einer idealen Ehe sind Zeit, Geduld, Energie und viel Arbeit nötig, wenn ein Kind da ist. Dazu kommt bei unverheirateten Eltern die finanzielle Belastung, der Verlust einer Beziehung, Änderung der Lebenspläne, Angst vor Abhängigkeit, Gefühle der Verlassenheit, von Schuld und Versagen – allein diese Aufzählung zeigt die Komplexität einer solchen Situation.

Die Großeltern des Neugeborenen werden in den Statistiken oft vergessen, obwohl auch sie eine bedeutende Rolle spielen. Oft finden sich die Eltern der schwangeren Frau in einer Unterstützungsaufgabe wieder, die sie weder geplant hatten noch gerne übernehmen. Wenn sie ihrer Tochter helfen wollen, müssen sie ihre eigenen Träume aufgeben.

Manchmal entsteht außerdem ein Konkurrenzkampf zwischen Großeltern und Mutter darum, wer es nun «am besten weiß» und wer das Kind erzieht. Die junge Mutter wird ihren Eltern gegenüber gemischte Gefühle haben. Nicht selten liegen Dankbarkeit und Ärger im Widerstreit. Das verursacht zusätzlichen Streß in einer Zeit, in der alle Beteiligten ihre Kraft auch sonst gut brauchen könnten.

Abtreibung

Leider ist in unserer Gesellschaft auch die Abtreibung eine locker gehandhabte Möglichkeit für unverheiratete Mütter. Obschon dieser Ausweg umstritten ist, wird er von ungezählten gewählt. Auch in diesem Jahr werden über eine Million Teenager schwanger; pro Tag mehr als dreitausend! Fast die Hälfte von ihnen wird abtreiben.

In einer im Jahre 1987 durchgeführten Umfrage gaben 56 Prozent der Oberschul-Absolventen und 50 Prozent der Universitätsstudenten an, Abtreibung sei der beste Ausweg aus einer unerwünschten Schwangerschaft.[14] Das entspricht verschiedenen Studien, die belegen, daß 50 Prozent der ungewollten Schwangerschaften in den USA mit einer Abtreibung enden. Dieser Massenmord am ungeborenen Menschen ist ein trauriges Zeugnis für die Werte unserer Gesellschaft. Ich bin überzeugt, daß die nächste Generation diese Greuel als solche erkennen und über den Tod dieser Kinder trauern wird.

Das Erschreckende an diesen Statistiken liegt darin, daß die Folgen der Abtreibung von den Befürwortern eindeutig falsch wiedergegeben, abgeschwächt oder ignoriert und der werdenden Mutter kaum einmal vor Augen gehalten werden.

Viele sehen in der Abtreibung nichts weiter als einen einfachen medizinischen Eingriff. Dabei liegt das von der Wahrheit meilenweit entfernt. Emotionale und seelische Verletzungen sind bei der verhinderten Mutter eher die Regel als die Ausnahme.

Eine Studie von Dr. Anne Speckhard, die Josh McDowell in *Why Wait?* zitiert, bringt zahlreiche Langzeitfolgen (fünf bis zehn Jahre danach) der Abtreibung ans Licht. Die in der Studie befragten Frauen gaben folgendes an:

81 % beschäftigten sich in Gedanken mit dem abgetriebenen Kind;
73 % erlebten die Abtreibung innerlich immer wieder;
69 % hatten nach der Abtreibung das Gefühl, «wahnsinnig» geworden zu sein;
54 % litten unter Alpträumen im Zusammenhang mit der Abtreibung;
35 % war das abgetriebene Kind erschienen;
23 % litten unter Halluzinationen im Zusammenhang mit der Abtreibung.

Laut Dr. Speckhard gaben 72 Prozent der Befragten an, sie seien zum Zeitpunkt der Abtreibung nicht religiös gewesen, und 96 Prozent betrachteten die Abtreibung im nachhinein als Mord.[15]

Abtreibung ist weit mehr als ein medizinischer Eingriff oder ein Thema für politische Auseinandersetzungen. Abtreibung hat einschneidende Auswirkungen emotionaler, psychologischer und geistlicher Art, die nicht ignoriert werden dürfen. Eine umfassende Abhandlung des Themas würde den Rahmen dieses Buches sprengen, aber es gibt zahlreiche Bücher zum Thema.

Adoption

Die langfristigen Konsequenzen einer Adoption sind eher geringer und weniger tiefgreifend als jene der anderen Lösungen. Oft ist eine Adoption der beste Ausweg, weil das Kind so eine liebevolle Umgebung erhält und die Mutter medizinisch versorgt und emotional unterstützt wird. Mütter, die ihre Neugeborenen zur Adoption freigeben, fühlen in der Regel einen tiefen Verlust. Eine Zeit des Trauerns ist völlig normal und genauso zu erwarten wie bei jedem anderen bedeutenden Verlust.

Eine ungewollte Schwangerschaft mit ihren weitreichenden und tragischen Auswirkungen ist aber nur *eine* mögliche Folge vorehelicher Beziehungen. Es gibt andere, die genauso zerstörerisch sind und einen noch lange, wenn nicht sogar für immer, an falsche Entscheidungen erinnern können.

Sexuell übertragbare Krankheiten (STD)

Vorehelicher Sex ist immer mit dem Risiko von Geschlechtskrankheiten verbunden. Diese Falle hat, genau wie die Schwangerschaft, Auswirkungen, die weit über das Paar hinausgehen. Freunde, Familie und künftige Se-

xualpartner sind zutiefst betroffen, wie auch die Kinder,
die krank und mißgebildet zur Welt kommen. Ebenso betroffen sind das medizinische Personal, das die unzähligen
Fälle jedes Jahr behandelt, und auch die Versicherungen,
die für die Behandlung aufkommen. Unsere gesamte Gesellschaft leidet unter den Auswirkungen dieser Sex-Falle
– Auswirkungen, die die Folge eigensüchtiger Entscheidungen sind.

Karen war vierundzwanzig, eine attraktive, ledige Ste-
wardeß. Obschon sie bei ihren Bekannten sehr beliebt war
und viele Freunde hatte, hatte sie nur mit zweien geschlafen. Beide Männer hatte sie geliebt.

Kurz vor unserem Gespräch hatte ihr Hausarzt genitalen
Herpes festgestellt. Sie hatte erfahren, daß sie diese un-
heilbare Infektion möglicherweise lebenslang auf jeden
ihrer Sexualpartner übertragen würde. Ihre Verzweiflung
hallt noch immer in meinem Ohr: «Welcher gesunde Christ
sollte jetzt noch eine Ehe mit mir riskieren? Hätte ich doch
nur ...»

Täglich stecken sich Tausende mit einer Geschlechtskrankheit an. Diese Krankheiten können nicht mit beruhi-
genden Worten wegdiskutiert werden.

Ich verwende hier übrigens den Begriff «sexuell übertragbare Krankheit» (englisch: sexually transmitted
desease – STD) anstelle von «Geschlechtskrankheit», weil
verschiedene der hier besprochenen Krankheiten auch anders als durch Geschlechtsverkehr übertragen werden
können.

Viele dieser Krankheiten treten geradezu epidemisch
auf. Gemäß einer Schätzung der amerikanischen Gesund-
heitsbehörde steckt sich alle drei Sekunden jemand mit
einer STD an. Täglich werden rund dreißigtausend neue
Fälle verzeichnet. Nach der gewöhnlichen Erkältung waren Gonorrhöe und Syphilis in den Vereinigten Staaten
Anfang der achtziger Jahre zwei der häufigsten Infek-
tionskrankheiten. Dies ist in Anbetracht der möglichen

Auswirkungen nicht zu unterschätzen. Für verschiedene STDs gibt es keine Behandlungsmöglichkeit. AIDS und Syphilis führen zum Tod.

Wenn ich in meiner Praxis oder nach meinen Vorträgen mit Menschen spreche, bin ich oft erstaunt, wie wenig sie über diese Krankheiten wissen. In einer Kultur, die sexuelle Aktivität so intensiv befürwortet wie die unsere, vermeiden wir es sorgfältig, die Gefahren und Gesundheitsrisiken dieses Lebensstils beim Namen zu nennen. In einem gewissen Grad sind die hier besprochenen Krankheiten Folge dieser Unwissenheit.

Ich kann hier natürlich keine umfassende Abhandlung aller Gesundheitsrisiken im Zusammenhang mit dem Sexualverhalten bieten, sondern einfach eine kurze Beschreibung der wichtigsten oder häufigsten STDs. Wenn Sie bei sich irgendeines der hier beschriebenen Symptome entdecken oder Grund haben zur Annahme, Sie hätten sich mit einer STD angesteckt, dann suchen Sie Ihren Arzt auf und teilen Sie ihm Ihre Befürchtungen mit. Schieben Sie es nicht hinaus; keine dieser Krankheiten darf ignoriert werden.

Wenn Ihnen einige der Begriffe und Beschreibungen nicht geläufig sind, empfehle ich Ihnen die Lektüre von *Hautnah* von Ed und Gaye Wheat. Dort finden sich Abbildungen und Beschreibungen der Funktionsweise der männlichen und weiblichen Geschlechtsorgane.

Gonorrhöe

Gonorrhöe, im Volksmund Tripper genannt, wird durch ein Bakterium mit der Bezeichnung «Neisseria gonorrhöeae» hervorgerufen. Diese Krankheit befällt jedes Jahr mehr als zwei Millionen Menschen. Über die Hälfte der in den USA registrierten Infektionen betreffen Personen unter fünfundzwanzig Jahren.

Da das Bakterium außerhalb der warmen Schleimhäute

nicht überlebt, ist es praktisch unmöglich, sich auf der Toilette, durch Handtücher, Gläser usw. anzustecken. Die Krankheit wird durch Sexualkontakt übertragen. Es gibt jedoch keine Anhaltspunkte dafür, daß sie nur durch Küssen übertragen werden könnte.

Symptome: Ein Teil der Männer (10 %) und die meisten Frauen (80 %) weisen überhaupt keine Symptome auf, bis die Fortpflanzungsorgane bereits ernsthaft betroffen sind. Bei den meisten Frauen wird die Krankheit erst im fortgeschrittenen Stadium entdeckt. Die verbreitetsten Symptome, falls sie sichtbar werden, sind die folgenden:

Bei Männern: Im Anfangsstadium zum Teil Schmerzen beim Wasserlassen und/oder häufig trübe Ausscheidung. In späteren Stadien Schwellung am Hodenansatz und/ oder Entzündung der Skrotalhaut.

Bei Frauen: Im Anfangsstadium gelblicher, nur selten starker Ausfluß. In späteren Stadien Entzündungskrankheit in der Beckengegend.

Behandlung: Gonorrhöe wird in der Regel mit Penizillin behandelt. Bei Allergikern wird Tetracyclin oder Erythromycin eingesetzt. Die meisten Menschen sprechen gut auf die Behandlung an, wenn das Problem früh genug erkannt wurde. Ungefähr 10 Prozent sind allerdings ziemlich widerstandsfähig und brauchen eine längere Behandlung.

In den 70er Jahren tauchte eine neue Sorte von Gonorrhöe-Bakterien auf, die stärker als die älteren und vor allem resistent ist gegen Penizillin. Man geht davon aus, daß sich diese Sorte in Südostasien aufgrund des Schwarzmarktpenizillins entwickeln konnte, das die vietnamesischen Prostituierten in niedrigen Dosen gebrauchen. Diese niedrigen Dosen schwach wirksamen Penizillins töteten nur die schwachen Organismen ab, während die stärkeren Bakterien überlebten und eine Penizillinresistenz entwikkelten. In diesen Fällen müssen andere Medikamente eingesetzt werden.

Komplikationen: Wie bereits gesagt, weisen 80 Prozent

der Frauen keine sichtbaren Symptome auf, bis die Fortpflanzungsorgane stark betroffen sind. Weil das so ist,
kommt es häufig vor, daß Frauen diese Krankheit auf ihre
Sexualpartner übertragen, ohne es zu wissen. Bei mindestens der Hälfte der Frauen, die zwei oder mehr Monate
ohne Behandlung bleiben, sind Scheide, Gebärmutterhals,
Gebärmutter und Eileiter befallen. Die Bakterien verbrei-
ten sich besonders während der Menstruation sehr schnell.
Normalerweise treten sichtbare Symptome erst dann auf,
wenn die Bakterien aus den Eileitern in die Bauchhöhle
und in die Eierstöcke eintreten. In diesem Stadium kommt
es zu unregelmäßigen Menstruationszyklen, hoher Tem-
peratur, Kopfschmerzen, Übelkeit, Schmerzen im Unter-
leib und bei zwanzig bis dreißig Prozent der Frauen zu
Sterilität.

Oft bildet sich in den Eileitern ein narbiges Gewebe, das
den Eileiter teilweise verstopft. Wenn das geschieht, kann
zwar möglicherweise eine Samenzelle daran vorbeikom-
men und ein Ei befruchten, das dann aber wegen der
Verstopfung nicht in die Gebärmutter gelangen kann. Das
Ergebnis ist eine Eileiterschwangerschaft, die für die Ge-
sundheit der Frau sehr gefährlich sein kann. Zum Schutz
des Lebens der Mutter wird eine Eileiteroperation nötig
sein.

Das Kind einer an Gonorrhöe erkrankten Frau kann sich
im Geburtskanal mit Augentripper anstecken. Meist können Silbernitrattropfen gleich nach der Geburt ernsthafte
Komplikationen beim Kind verhindern. Es gibt nur wenige
Fälle, in denen sich Erwachsene diese Augeninfektion zu-
gezogen haben, indem sie unmittelbar nach der Berührung ihres Genitalbereichs ihre Augen anfaßten.

Oraler Kontakt mit den infizierten Genitalien kann die
Bakterien in den Hals bringen.

Syphilis

Das ist eine sehr ernste Geschlechtskrankheit, auch wenn sie weniger häufig auftritt als Gonorrhöe. Jedes Jahr gibt es in den Vereinigten Staaten etwa 100 000 neue Fälle. Die Syphilis-Erreger sind dünne, spiralförmige Organismen, die Spirochäten (lateinisch: treponema pallidum). Wie die Gonorrhöe-Bakterie brauchen auch die Spirochäten eine warme, feuchte Umgebung, damit sie überleben können. Der Organismus wird von offenen Wunden einer infizierten Person auf die Schleimhäute oder Hautöffnungen eines Sexualpartners übertragen. Syphilis ist eine jener Geschlechtskrankheiten, die zum Tod führen können.

Symptome: Die Krankheit kennt drei Entwicklungsstadien.

Erstes Stadium: Es entsteht eine schmerzlose Lymphknotenschwellung in der Leistenregion, eine kleine, schmerzlose, harte, wunde Stelle tritt dort auf, wo die Spirochäten in den Körper eingedrungen sind, normalerweise im Genitalbereich oder am Mund. Weil diese Stelle klein ist und nicht schmerzt, wird sie oft gar nicht bemerkt. In dieser Phase ist die Krankheit ansteckend. Dieses kleine Geschwür heilt meist in ein bis fünf Wochen wieder ab. Nach der Verheilung treten während mehrerer Wochen bis Monate keine Symptome mehr auf. Darauf tritt die Krankheit in die zweite Phase.

Zweites Stadium: In dieser Phase entwickelt sich am ganzen Körper ein Hautausschlag, der normalerweise weder schmerzt noch juckt. Bei manchen ist der Ausschlag kaum sichtbar, bei anderen sieht man ihn deutlich – sie haben harte Erhöhungen. Außerdem entstehen offene Wunden.

Wenn der Kranke in diesem Stadium keine Behandlung sucht, verheilt der Ausschlag meist nach ein paar Wochen wieder. Danach tritt die Krankheit in die äußerst gefährliche dritte Phase.

Drittes Stadium: Dieses Stadium ist das «latente Stadium» der Syphilis. In dieser Phase kann es sein, daß mehrere Jahre lang keine sichtbaren Symptome auftreten. Die Organismen vermehren sich jedoch trotzdem. Im latenten Stadium ist der Betroffene für seine Sexualpartner in der Regel nicht mehr ansteckend. Wenn allerdings eine Frau mit Syphilis in diesem Stadium schwanger ist, kann sie die Krankheit durch die Plazenta auf ihr Kind übertragen.

Das Endstadium der Syphilis ist sehr schwer und führt oft zum Tod. Die Symptome können irgendwann drei bis vier Jahre nach der ersten Ansteckung auftreten. Sie können Blindheit, Lähmungen, zerstörte Blutgefäße, Leberschäden, Herzversagen und ernsthafte geistige Störungen einschließen.

Behandlung: Die Behandlung der Syphilis ähnelt jener der Gonorrhöe. Außer bei einer Allergie wird normalerweise Penizillin eingesetzt, sonst ein anderes Antibiotikum. Da bei Syphilis oft keine Symptome auftreten, sollten nach der Behandlung mehrere Bluttests durchgeführt werden, um sicherzustellen, daß der Organismus ausgerottet wurde.

Komplikationen: Wie bereits erwähnt, kann eine angesteckte Schwangere die Krankheit auf das ungeborene Kind übertragen. Syphilis kann bei angesteckten Föten im ersten Schwangerschaftsdrittel schwere Schäden hervorrufen oder zum Tod führen. Deshalb ist es von größter Bedeutung, daß jede Frau, bei der auch nur entfernt ein Verdacht auf Ansteckung besteht, in den ersten drei Schwangerschaftsmonaten einen Test vornimmt.

Trichomoniasis

Dies ist die häufigste sexuell übertragbare Krankheit bei Frauen. Ausgelöst wird sie durch einen einzelligen Organismus, die «Trichomonas vaginalis». Einige Fachleute gehen davon aus, daß ein Viertel aller Frauen angesteckt sind, wenn auch nicht alle infizierten Frauen entsprechende Symptome aufweisen.

Dieser Organismus kann in feuchter Umgebung auch außerhalb des Körpers mehrere Stunden überleben. Die Krankheit kann durch ein Handtuch, einen Waschlappen und ausnahmsweise einen Toilettensitz übertragen werden, die von einer infizierten Person benutzt wurden, wenn sie in Kontakt mit den Genitalien kommen. Normalerweise allerdings wird sie durch Geschlechtsverkehr übertragen.

Symptome: Frauen haben gewöhnlich einen leicht schaumigen, weißen oder gelben, übelriechenden Ausfluß. Oft ist außerdem das Scheidengewebe entzündet, schmerzt oder juckt. Gelegentlich befällt die Krankheit auch die Blase oder die Bartolinschen Drüsen.

Männer weisen kaum Symptome auf. Gelegentlich ist ein Ausfluß aus dem Penis zu beobachten, verbunden mit einem Brennen oder Jucken.

Behandlung: Diese Chlamydienerkankung wird normalerweise mit Metronidazol (Firmenbezeichnung Flagyl) behandelt. Eine erfolgreiche Behandlung dauert rund zehn bis vierzehn Tage.

Feuchtwarzen

Das sind Warzen, die durch sexuellen Kontakt übertragen werden und im Genitalbereich auftreten. Sie entstehen durch ein Virus ähnlich demjenigen, das an anderen Körperstellen Warzen hervorruft. Jedes Jahr treten ungefähr eine Million Fälle auf.

Symptome: Die Warzen bilden sich normalerweise erst etwa drei Monate nach dem Kontakt mit einer infizierten Person. Wenn sie in feuchter Umgebung auftreten, sind sie weich und rosa oder rot und sehen im stark fortgeschrittenen Stadium einem Blumenkohl ähnlich. An trockenen Stellen sind sie hart und grau-gelb.

Behandlung: Solange die Warzen klein sind, werden sie

mit Podophyllotoxin behandelt, einem dunklen harzähn-
lichen Medikament. Podophyllotoxin wird auf der War-
zenoberfläche aufgetragen und für sechs Stunden dort
belassen. Im allgemeinen sind mehrere Behandlungen er-
forderlich. Es kann sein, daß ein chirurgischer Eingriff zur
Entfernung der Warzen nötig wird.

Komplikationen: Es gibt Hinweise darauf, daß genitale
Warzen im Zusammenhang stehen mit Zervixkrebs bei
Frauen. Außerdem kann bei einer Geburt das Kind im
Geburtskanal angesteckt werden.

Genitaler Herpes

Dies ist eine STD, die durch das Herpes-simplex-Virus
hervorgerufen wird. Es gibt zwei Typen des Herpes-Virus.
Typ 1 manifestiert sich bei der Erstinfektion im Mund,
danach nur noch in der Lippenregion und nur selten im
Genitalbereich. Typ 2 führt meist zu mehreren kleinen
Wunden im Genitalbereich, wenn auch gelegentlich eine
Wunde im Mund möglich ist. Es geht uns hier um Typ 2.

Dieses Virus betrifft zur Zeit fünf bis zwanzig Millionen
Menschen in den USA. Jedes Jahr gibt es 200 000 bis
500 000 neue Fälle. Herpes wird durch sexuelle Kontakte,
Küsse und Berührung von aktiven Wunden übertragen.
Das Virus kann auf Gegenständen wie Handtüchern mehrere Stunden überleben. Laut Fachleuten ist es zwar selten, aber möglich, sich durch eine solche Quelle mit Herpes anzustecken.

Symptome: Im Genitalbereich bilden sich kurze Zeit
kleine Bläschen, die in der Regel nicht beobachtet werden.
Sie treten in der Regel zwei bis acht Tage nach dem Kontakt zu einer infizierten Person auf. Diese Bläschen sind mit
einer durchsichtigen Flüssigkeit gefüllt, die das Virus ent-
hält. Diese Flüssigkeit ist hoch ansteckend und kann eitrig
werden, wenn die weißen Blutzellen das Virus angreifen.
Wenn die Bläschen aufbrechen, entstehen feuchte,

schmerzhafte, oberflächliche Wunden. In dieser Phase ist die Krankheit am ansteckendsten. Die Wunden bilden schließlich eine Kruste und beginnen zu heilen. Der Heilungsprozeß kann bis zu zehn Tage dauern.

Mögliche Begleiterscheinungen von genitalem Herpes sind geschwollene Drüsen und Schmerzen beim Wasserlassen.

Auch nach der Heilung verschwindet das Virus nicht mehr. Wer einmal infiziert ist, bleibt es sein Leben lang. Das Virus bleibt in den Nervenfasern und in den Nervenzellen der Genitalregion. Oft treten die Symptome periodisch wieder auf, wenn sich das Virus, durch verschiedene äußerliche Reize ausgelöst, wieder vermehrt.

Behandlung: Eine spezifische antivirale Behandlung muß nur bei Patienten mit geschwächter Abwehrlage durchgeführt werden. Die meisten Behandlungen zielen auf eine Desinfektion der kleinen Wunden ab.

Komplikationen: Bei schwangeren Frauen mit Herpes kurz vor dem Geburtstermin besteht ein hohes Risiko, das Kind bei einer Spontangeburt zu infizieren, so daß die Geburt entweder verzögert oder selten ein Kaiserschnitt in Erwägung gezogen werden muß.

Herpes-Wunden sind hochinfektiös. Das Virus breitet sich leicht und schnell in anliegenden Bereichen aus. Sowohl die infizierte Person als auch andere Personen dürfen diese Wunden nicht berühren. Wenn der Infizierte die Wunde berührt, kann er die Infektion auf andere Teile seines Körpers übertragen. Dieses Problem hat schon oft zu ernsthaften Augenschäden geführt, wenn jemand erst die Wunden und dann die Augen berührte. Neuere Studien weisen darauf hin, daß genitaler Herpes selbst dann übertragen werden kann, wenn keine Symptome auftreten.

Acquired Immune Deficiency Syndrome (AIDS)

Zum ersten Mal wurde AIDS 1981 identifiziert. Es gibt immer noch viel herauszufinden bei dieser Erkrankung. Man vermutet, daß AIDS in den USA am Ende der 90er Jahre bei jungen Erwachsenen die häufigste Todesursache sein wird. Das AIDS-Virus zerstört die Fähigkeit des Körpers, sich gegen Infektionen zur Wehr zu setzen. Es wird in erster Linie durch Sexualkontakt übertragen. Außerdem wird es durch Spritzentausch weiterverbreitet. In *Campus Life* wurde kürzlich berichtet: «Laut Angaben der Krankheitskontrollstellen sind bereits über 20 000 Menschen an AIDS gestorben. Weitere 35 000 sind erkrankt, und rund 100 000 bis 200 000 weisen gewisse Symptome auf. Schätzungsweise 1,2 bis 1,5 Millionen Personen sind Virusträger, zeigen aber noch keine Symptome. 25 bis 50 % der Virusträger werden in den nächsten sieben Jahren voraussichtlich an AIDS erkranken.»[16]

Symptome: AIDS hat eine ungewöhnlich lange Latenzzeit bis zum Ausbruch der Beschwerden (gegen zehn Jahre). Unmittelbar nach der Ansteckung können grippale Symptome (Fieber, Müdigkeit, eventuell leichter Hautausschlag) auftreten. Nach der Latenzperiode sind eine ganze Reihe von Symptomen möglich: geschwollene Lymphdrüsen, häufiges Auftreten von Infektionen, Müdigkeit, Unwohlsein, Fieber, Nachtschweiß, Durchfall, Gewichtsverlust und Kaposi-Sarkom, ein bösartiger Gefäßtumor. Oft entstehen mentale und neurologische Probleme, wenn das Virus die Hirnzellen angreift. Persönlichkeitsstörungen, Vergeßlichkeit, Gefühlsstörungen und Muskelschwächung bis Muskellähmungen nehmen an Schwere immer mehr zu.

Behandlung: Gegenwärtig ist keine wirksame Behandlung von AIDS bekannt. Man weiß von niemandem, der wieder gesund geworden wäre.

Komplikationen: Obschon sich die Krankheit bislang

unter Homosexuellen und Drogenabhängigen schneller entwickelt hat, «greift sie jetzt unter Heterosexuellen am schnellsten um sich. 1991 werden die Heterosexuellen rund 5 Prozent der Kranken stellen, gegenüber 1,5 Prozent im Jahr 1984. Bisher wurde keine Behandlung oder Impfung gefunden. Für das Jahr 1997 wird mit 1,1 Millionen Fällen gerechnet.»[17]

Einige Krankheiten, die wir in diesem Kapitel besprochen haben, sind äußerst gefährlich und zu Gesundheitsrisiken für das ganze Land geworden. Die Forschung geht weiter, es wird auch Entdeckungen geben, und sehr wahrscheinlich werden sich ebenso neue Krankheiten entwikkeln. Aber die meisten Menschen haben die Wahl, ob sie sich diesen Risiken aussetzen wollen.

Es gibt nur eine einzige Lösung für dieses dringliche Problem der sexuell übertragbaren Krankheiten. Diese Lösung hat dafür eine 100prozentige Erfolgsgarantie. Damit könnten wir die meisten Geschlechtskrankheiten in nur einer Generation total ausrotten. Das ist seit Tausenden von Jahren bekannt, auch wenn es noch nie umgesetzt wurde. Wie für jedes Problem, das wir in diesem Buch besprochen haben, liegt die einzige Lösung in einer Rückkehr zu den klaren biblischen Normen für die Ehe: Danach sollen wir einen einzigen Sexualpartner haben und uns ihm zu lebenslanger Treue verpflichten und auch dazu, die Sexualität bis zum Tod unseres Partners mit niemand anderem zu teilen. Wenn wir uns daran hielten, wären die Geschlechtskrankheiten, wenn unsere Enkel im Alter wären, um sich darüber Sorgen zu machen, von der Bildfläche verschwunden.

Der Weg zu echter sexueller Erfüllung ist gesäumt mit Schlaglöchern und Sackgassen. Aber es gibt auch eine Karte, die ihn klar und deutlich weist. Wenn wir dieser Karte folgen, und zwar selbst dann, wenn wir eigentlich Lust auf einen Umweg hätten, werden wir unser Ziel erreichen.

Zusammenwachsen

Für Unverheiratete:

1) Wie würde Ihr Leben aussehen, wenn Sie ein kleines Kind zu versorgen hätten? Beschreiben Sie die Situation so detailliert wie möglich.

2) Welche Zukunftsträume müßten Sie dafür aufgeben? Welche Träume müßten Sie ändern? Wie?

Wenn Ihre Ehe mit einer Schwangerschaft begann:

1) Inwiefern sähe Ihre Ehe anders aus, wenn die Schwangerschaft erst *nach* der Heirat erfolgt wäre?

2) Was hindert Sie konkret daran, diese positiven Aspekte heute zu entwickeln?

3) Müssen Sie jemandem vergeben, damit diese Veränderungen möglich werden?

Müssen Sie sich selbst vergeben?

Lesen Sie Johannes 8,1-11. Überlegen Sie, wie Sie mit den Fehlern der Vergangenheit umgehen wollen, und zwar nicht nur mit Ihren eigenen, sondern auch mit den Fehlern anderer.

«*Das Erschreckendste war, daß niemand auch nur den geringsten Verdacht hegte. Weder seine Freunde noch seine Arbeitskollegen hätten vermutet, daß Steve in seinen Sexualkontakten ein Doppelleben führte. Er war ein Experte im Vertuschen geworden.*»

7

WENN SEX ZUR SUCHT WIRD

In diesem Kapitel geht es nicht in erster Linie um sündiges Verhalten, obschon wir auch das ansprechen werden. Es geht auch nicht um sexuelle Zügellosigkeit, obwohl Sex natürlich zum Thema gehört. Es geht vielmehr um eine Krankheit von Geist und Seele, die allein aufgrund ihrer Beschaffenheit einer Heilung im Wege steht. Anders als bei einer körperlichen Krankheit ist der einzelne persönlich verantwortlich, und zwar sowohl für die Symptome als auch für die Behandlung. Es ist eine Krankheit, gegen die auch Christen nicht immun sind. Es geht dabei um eine Sucht – eine Abhängigkeit von der sexuellen Begierde. Sie ist viel verbreiteter, als die meisten annehmen. Männer wie Frauen können sexsüchtig werden. Aus Gründen der leichteren Lesbarkeit habe ich mich im folgenden jedoch für die männliche Form entschieden.

Denken Sie einmal einen Augenblick daran, wie eine stoffliche Abhängigkeit aussieht. Wenn jemand alkohol- oder sonstwie drogensüchtig ist, dann steht diese Droge im Mittelpunkt seines Denkens. Der Süchtige setzt alles daran, um sein Verlangen zu befriedigen. Mit der Zeit wird der Stoff wichtiger als die Familie, wichtiger als Freunde

und auch wichtiger als die Arbeit. Schließlich braucht er
die Droge, damit er sich überhaupt noch normal fühlt.
Wenn deswegen dann auch noch wichtige Beziehungen
der Sucht geopfert werden, dann hat er sein Leben nicht
mehr im Griff.

Wenn Sie diese Beschreibung nun auf den Bereich der
Sexualität übertragen, sind wir beim Thema, nämlich der
Sexsucht. Eine klinische Definition lautet folgendermaßen: «Eine krankhafte Beziehung, deren Hauptziel darin
liegt, die eigene Stimmung zu verändern.»[18] Das Urteils-
vermögen eines Süchtigen ist stark beeinträchtigt. Er
bleibt bei seiner Sucht, auch wenn sie ernsthafte negative
Konsequenzen hat.

Zuviel Sex?

Bevor Steve heiratete, galt er als ausgesprochener Play-
boy. Er sah gut aus, war sportlich und fand immer Frauen,
die gern mit ihm zusammen waren. Seine Beziehungen
waren ausnahmslos kurz und sexuell. Für Steve war die
«Eroberung» spannend, an einer Beziehung, die über die
körperliche Seite hinausging, war er kaum interessiert. Oft
umgab er sich sogar mit Frauen, die er nicht einmal besonders mochte. Seine Freunde staunten über seine Fähigkeit,
mit einer neuen Freundin «aufzuwarten», wann immer
eine Beziehung in die Brüche ging.

Tief im Innern sehnte sich Steve oft nach einer Beziehung, die über das Sexuelle hinausging. Es gab Zeiten, da
fühlte er sich unendlich einsam. Ab und zu beschloß er, das
nächste Mal langsamer vorzugehen, körperlich weniger
aggressiv zu sein; doch es änderte sich nichts. Er schien
immer demselben Muster zu folgen, die Beziehungen hielten nie lange. Sobald er mit einer Frau geschlafen hatte,
fühlte er sich eingesperrt und wollte ausbrechen.

Manchmal ging es Steve durch den Kopf, irgend etwas
müsse falsch sein, doch solche Gedanken verscheuchte er

rasch. Er erklärte sich sein Verhalten damit, daß er nun mal von Natur aus zärtlich sei und einen äußerst starken Sexualtrieb habe. Das schien dadurch bestätigt zu werden, daß er sich, auch wenn er eine Freundin hatte, noch selbst befriedigte.

Als Steve Ann kennenlernte, schien sich etwas zu verändern. Ihr gegenüber hatte er andere Gefühle als bei jeder seiner früheren Freundinnen. Er genoß zwar das sexuelle Zusammensein, war aber auch sonst viel lieber mit Ann zusammen als mit irgendeinem anderen Mädchen. Nach zehn Monaten heirateten sie.

Nach der Hochzeit schwor Steve sich, Ann immer treu zu bleiben. Ein paar Wochen später allerdings begann er erneut zu masturbieren. Sein Job war anstrengender geworden, damit rechtfertigte er sein Bedürfnis nach «Entspannung», wie er es nannte. Sechs Monate nach der Hochzeit begann Steve, heimlich Pornoshops und Massagesalons aufzusuchen. Er hatte zwar Schuldgefühle, rief sich aber seinen «starken Sexualtrieb» in Erinnerung und kam zum Schluß, das Liebevollste sei, Ann gar nicht damit zu belasten. Es dauerte nicht lange, und er ging beinahe wöchentlich zu irgendwelchen Prostituierten.

Nach der Geburt ihres Sohnes Michael war Steves und Anns sexuelle Beziehung während einiger Monate weniger intensiv. Obschon sie jedoch bald wieder so häufig wie zuvor zusammen schliefen, rechtfertigte Steve seine Zwanghaftigkeit zwei Jahre lang damit, daß er sich entspannen müsse und seine Frau zu wenig oft verfügbar sei.

Inzwischen lebte Steve in zwei völlig verschiedenen Welten. Die eine war die Welt billiger Hotelzimmer, die Welt der Pornoshops und der schummrigen Massagesalons. Die andere war die warme, liebevolle Familie. Steve war einsam, selbst wenn er mit Frau und Sohn zusammen war. Als er noch ledig war, war die Diskrepanz zwischen seinem Suchtverhalten und seinem übrigen Leben nicht so kraß zutage getreten. Er war niemandem wirklich nahe gewesen, und sein Suchtverhalten galt in einer permissiven Umgebung als normal und wurde ignoriert. Das Gefühl der Einsamkeit wurde hinter seiner sexuellen Aktivität verborgen.

Steve war ein begabter Redner. Man vertraute ihm. Dadurch war er in seinem Beruf als Verkäufer sehr erfolgreich. Außerdem half ihm diese Begabung, sein zwanghaftes Verhalten zu vertuschen. Schon bald fand er sich in einem Netz von Lügen und Ausreden gefangen. Er belog seinen Chef wegen Verkaufsgesprächen, die er verpaßt hatte, weil er Prostituierten nachgestiegen war. Er belog Ann, wenn er wegen einem Abstecher in den Pornoshop später nach Hause kam. Einmal erwähnte ein Kunde Ann gegenüber einen Termin, den Steve nicht eingehalten hatte. Dabei kam heraus, daß er jedem von ihnen eine andere Geschichte aufgetischt hatte. Aber selbst aus dieser Situation konnte Steve sich durch eine Reihe von Entschuldigungen retten. Er war ein vollendeter Lügner geworden. Steve war sich bewußt, daß er in einer Weise zwanghaft handelte, die ihm selbst zuwider war. Seine größte Angst bestand darin, daß er total abgelehnt und alles ihm Wertvolle verlieren würde, wenn jemand etwas herausfinden würde.

Einmal suchte Steve während eines Einkaufsbummels mit Ann die Toilette auf, um zu masturbieren. In diesem Moment ging ihm auf, daß er krank war. Er hatte eine attraktive, liebevolle Frau, die gern mit ihm schlief, und doch brauchte er den Sex mit sich selbst. Das war der erste Riß in seinem Schild des Leugnens. Ein paar Mal, wenn er über seine Situation nachdachte, weinte er vor Scham und Reue. Er nahm sich vor aufzuhören, war jedoch bald wieder genauso weit wie vorher, manchmal noch am selben Tag.

Einmal las Steve in der Zeitung, daß die Sittenpolizei eine Razzia in einem Pornolokal durchgeführt hatte, das er regelmäßig besuchte. Beim Gedanken daran, daß er zwei

Tage vorher selbst dort gewesen war, lief es ihm kalt den Rücken hinunter. Er schwor sich, nie wieder eine Pornoshow zu besuchen. Einen Monat später jedoch war er zurück in diesem Lokal.

Die Wende kam nach einer ärztlichen Untersuchung, die er für seine Arbeit durchführen lassen mußte und bei der genitaler Herpes festgestellt wurde. Ann war am Boden zerstört. Steve erklärte, das müsse von einem einmaligen Seitensprung vor ein paar Monaten stammen. Er versicherte ihr, es sei ein Fehltritt gewesen und würde nie wieder vorkommen. Ann erwiderte, sie brauche Zeit zum Nachdenken. Mit ihrem Sohn Michael fuhr sie für einige Tage ans Meer. Dort dachte sie über ihre Ehe nach und über Steves ständige Ausreden. Sie rief ein paar von Steves Freunden und Arbeitskollegen an, und aus dem Gehörten schloß sie, daß Steve sie schon sehr lange belogen hatte. Als Ann nach Hause zurückkehrte, stellte sie Steve ein Ultimatum: Entweder würde er eine Therapie beginnen, oder sie würde ihn verlassen. Beim Gedanken, sein heimliches Leben aufzudecken, auch wenn es vor einem Therapeuten war, bekam Steve Panik, aber der Preis seiner Zwanghaftigkeit war nun doch zu hoch. Er willigte in eine Therapie ein.

Zwei Jahre lang machte Steve Einzel- und Gruppentherapie. In dieser Zeit entdeckte er, daß es viele Leute gab mit demselben Problem. Mit Hilfe seines Therapeuten, seiner neuen Freunde und seiner Frau lernte Steve umzudenken. Er entdeckte eine Beziehung zu Jesus Christus, die alles übertraf, was er vorher gekannt hatte. Die Kraft und die Sicherheit, die er bei Jesus fand, gaben ihm Mut zur Veränderung. Leicht war es nie, und die Entwicklung ist noch nicht abgeschlossen. Aber das Doppelleben gehört inzwischen weitgehend der Vergangenheit an.

Steve war bereit, seiner sexuellen Befriedigung alles zu opfern. Wiederholt setzte er seine Stelle, seine Ehe, die Familie, die Freunde und seine Selbstachtung aufs Spiel.

Er nahm sich immer wieder vor, sich zu verändern, es nie mehr zu tun. Er erzählte immer mehr Lügen, um sein Verhalten zu decken. Manchmal verschwamm sogar die Grenze zwischen Wahrheit und Lüge. Mit seinem Verhalten brachte er sein Leben oft an den Rand einer Katastrophe. Er litt und war unendlich einsam. Es war ihm bewußt, daß sein sexuelles Verhalten sein Leiden nur noch größer machte, dennoch hörte er nicht auf.

Im Buch *Wenn Sex zur Sucht wird* beschreibt Patrick Carnes das Problem folgendermaßen:

Der Süchtige gebraucht – oder vielmehr mißbraucht – eine der schönsten Erfahrungen, die es im menschlichen Leben gibt: die Sexualität. Die Erregung muß immer stärker werden. Das Bewußtsein des Süchtigen verändert sich, wenn er in einen zwanghaften Trancezustand verfällt. Der Stoffwechsel reagiert mit einem regelrechten Adrenalinschub. Das Herz rast, wenn der Süchtige sich seinem Opfer nähert. Weder Risiko noch Gefahr, noch Gewalt können ihn aufhalten. Die Dosierung kann beliebig gesteigert werden. Das ständige Kreisen um den Rausch ist ein wirksames Mittel, um Gefühle von Bedauern oder Reue zu betäuben. Dabei muß der Süchtige nicht unbedingt zur Tat schreiten. Oft bringt schon das Denken Erleichterung.

Das Verhalten des Sexsüchtigen ähnelt bestimmten anderen Formen von zwanghaftem Verhalten. Insofern besteht kaum ein Unterschied zwischen dem Voyeur, der vor einem Fenster wartet, um neunzig Sekunden lang den Anblick einer nackten Frau zu genießen, und dem zwanghaften Spieler, der auf seine Chance wartet. Was den sexuell Süchtigen unterscheidet, ist die Tatsache, daß er auf menschliche Gefühle zurückgreift, die durch Liebe und Leidenschaft geweckt werden.[19]

Das Erschreckendste an Steves Problem ist, daß niemand auch nur den geringsten Verdacht hegte. Weder seine Freunde noch seine Arbeitskollegen hätten vermutet, daß Steve ein Doppelleben führte. Er war ein Experte im Vertuschen geworden.

Verdrängung

Ein grundlegender Faktor, der dem Süchtigen die Fortsetzung seiner Sucht ermöglicht, ist der Abwehrmechanismus der Verdrängung. Verdrängen ist komplexer, als einfach zu lügen. Es ist die Fähigkeit, die Wahrheit so zu verzerren, daß niemand das tatsächliche Problem erkennt, und zwar nicht einmal der Süchtige selbst. Das geschieht auf vielerlei Arten. Es wird derart normal, das Problem rational darzulegen, zu rechtfertigen und zu ignorieren, daß das Leugnen schließlich aussieht, als ob es Realität wäre. Die nachstehende Liste nennt einige Anhaltspunkte, wie das aussehen kann. Es sind ganz gewöhnliche Erklärungen, wie sie der Sexsüchtige zur Tarnung seines Problems, auch vor sich selbst, nennt:

– Das tun doch alle, höchstens nicht alle auf dieselbe Art.
– Wenn meine Frau doch nur mehr Interesse an Sex hätte.
– Was er/sie nicht weiß, macht ihn/sie nicht heiß.
– In meiner Situation würden doch alle genau dasselbe tun.
– Der Druck ist so groß, ich brauche einfach Entspannung.
– Sie hat sich so verhalten, daß ich einfach nicht mehr stoppen konnte.
– Eigentlich wollen doch alle Frauen nur das eine, alles andere ist nur Theater.
– Sex ist schließlich der stärkste Trieb des Mannes.
– Das tut doch niemandem weh.

Weil er diese Ausflüchte aufrichtig glaubt, entfernt sich der
Süchtige immer mehr von der Realität. Meist ist eine tiefe
Krise nötig, etwa eine Verhaftung oder eine Scheidung,
damit er aus seinen Hirngespinsten erwacht. Wenn es im
Leben des Süchtigen niemanden gibt, der besorgt oder
mutig genug ist, eine solche Krise auszulösen, eskaliert das
Problem in der Regel.

Der Süchtige wird ein unglaublich geschickter Manipu-
lierer, vor allem weil er lernt, seinen eigenen Lügen Glauben zu schenken. In Steves Fall schöpfte Ann ab und zu
Verdacht. Manchmal, wenn sie im Büro anrief, war er,
ohne eine Erklärung zu hinterlassen, stundenlang fort.
Mehrmals waren die Benzinausgaben weit höher als bud-
getiert. Wenn Ann ihm das vorhielt, hatte er eine ausge-
feilte, detaillierte Geschichte bereit. Wenn sie Zweifel äußerte, wurde er wütend. Er redete sich ein, sie würde seine
Aussagen selbst dann anzweifeln, wenn er ehrlich wäre,
im Grunde sei das *ihr* Problem.

Auf ihre Fragen antwortete er mit Gegenvorwürfen.
Wenn sie sich dann erklärte, verglich Steve seine Ent-
schuldigung mit ihrer und warf ihr vor, sie leide unter
Wahnvorstellungen. Weil das so einleuchtend klang, kam
Ann sich dumm vor und entschuldigte sich schließlich. Das
überzeugte Steve erst recht davon, daß seine Frau ein
Problem habe.

Mit jedem weiteren Schritt fühlte sich Steve zunehmend
falsch behandelt und falsch eingeschätzt. Er konzentrierte
sich auf das, was er fühlte, nicht mehr so sehr auf das, was
gesagt wurde. Dadurch wurde die Realität noch mehr verzerrt. Weil er sich zu Unrecht beschuldigt meinte und doch
so unschuldig handelte, schloß er, daß Ann unvernünftig
war und daß einzig und allein sie ein Problem hatte. Ihre
Entschuldigungen waren ihm Beweis genug.

Steves Fall war typisch insofern, als er andere verantwortlich machte. Damit der Süchtige weiterhin seiner
Sucht frönen kann, muß er Wege finden – auch wenn es

Irrwege sind –, um sein Problem auf andere abwälzen zu können. Wenn ein Süchtiger wegen der Klagen seiner Kollegen seine Stelle verliert, entschuldigt er sich damit, daß der Chef ihn nicht mochte oder daß das Geschäft schlecht lief. Wenn sich ein Süchtiger mit einer Geschlechtskrankheit ansteckt, ist das kein großes Problem, weil das «jeder irgendwann mal hat». Wenn eine Beziehung wegen seinem unpassenden sexuellen Verhalten in die Brüche geht, dann ist es, «weil sie damit nicht zurechtkam».

Zwanghafte Selbstbefriedigung, Pornographie, Exhibitionismus und Dutzende anderer gestörter Verhaltensweisen werden irgendwie immer als normal und gesund dargestellt. Das Problem eskaliert, wenn eine Krise eintritt, die der Süchtige nicht mehr wegerklären kann.

Die folgende ausgezeichnete Beschreibung des Problems ist einer Schrift der *Sexaholics Anonymous* entnommen, einer Hilfsorganisation für genesende Sexsüchtige:

Viele von uns fühlten sich ungenügend, unwürdig, allein und furchtsam. Unser Inneres paßte nie zu dem, was wir bei den anderen außen sahen.

Schon früh fühlten wir uns losgelöst – von den Eltern, von den Gleichaltrigen, von uns selbst. Das glichen wir durch Fantasie und Masturbation aus. Wir gerieten in diese Welt hinein, indem wir die Bilder in uns hineinsogen und die Gegenstände unserer Fantasien verfolgten. Wir begehrten und wollten begehrt werden.

Wir wurden zu echten Süchtigen: Sex mit uns selbst, Promiskuität, Ehebruch, Abhängigkeitsbeziehungen und noch mehr Fantasien. Wir sogen es mit den Augen in uns auf; wir kauften es, wir verkauften es, wir handelten damit, wir gaben es weg. Wir waren süchtig nach Verstrickung, nach Reiz, nach dem Verbotenen. Der einzige Weg, den wir kannten, um davon frei zu werden, war, es zu tun. «Bitte, tu dich mit mir zusammen und mach mich ganz!» schrien wir mit ausgebreiteten Armen. In unserem unendlichen Verlangen gaben wir unsere Kraft weg an andere.

Dadurch entstanden Schuld, Selbsthaß, Gewissensbisse, Leere und Schmerz, wir wurden noch mehr nach innen getrieben, weg von der Wirklichkeit, weg von der Liebe, verloren in uns selbst.

Unser Verhalten machte echte Intimität unmöglich. Wir haben nie eine echte Vereinigung mit einem anderem gekannt, weil wir süchtig waren nach dem Unrealen. Wir setzten auf die «Chemie», die Verbindung, die Zauberkraft besaß, weil sie Intimität und echte Vereinigung umging. Die Fantasie zerstörte die Wirklichkeit, die Begierde tötete die Liebe.

Zuerst waren wir Süchtige, dann Liebeskrüppel. Wir nahmen von den anderen, was uns in uns fehlte. Weil wir uns selbst immer wieder vorschwindelten, der Nächste werde uns retten, verloren wir unser Leben tatsächlich.

Grundlegende Irrtümer

Die Wurzel des Suchtsystems liegt in einer Reihe von irrigen Annahmen des Süchtigen. Diese falschen Vermutungen bringen ihn oder sie zur Beschäftigung mit Sex. Jede falsche Annahme spiegelt das Selbstbild des Süchtigen wider und führt ihn dazu, die Wirklichkeit weiter zu verzerren. Die vier Grundirrtümer sind die folgenden:

1. Ich bin grundsätzlich schlecht und wertlos.
2. Niemand würde mich je so lieben, wie ich bin.
3. Niemand wird je meine Bedürfnisse stillen.
4. Mein wichtigstes Bedürfnis ist Sex.

Jede dieser Überzeugungen hat ihren Ursprung in den ersten Lebensjahren des Süchtigen. Ihre Wurzeln reichen zurück zu falschen Botschaften und Lügen über Liebe,

Annahme und Selbstwert durch Eltern, Gleichaltrige und andere wichtige Bezugspersonen. Es würde den Rahmen dieses Buches sprengen, näher auf diese Wurzeln einzugehen. Im Moment reicht es hervorzuheben, daß Selbstverurteilung und ein tiefes Mißtrauen gegenüber Beziehungen den Ausgangspunkt für das verzerrte Denken bilden, das zur Sexsucht führt. Das daraus folgende zwanghafte Verhalten stärkt wiederum dieses Denken. Der Prozeß läuft etwa folgendermaßen ab:

Das Selbstbild eines süchtigen Menschen ist geprägt von der Überzeugung: *Ich bin grundsätzlich schlecht und wertlos.* Er empfindet sich als unzulänglichen Versager, der Niederlagen geradezu erwartet. Viele dieser Menschen haben sich für das normale Leben eine «Maske» zugelegt, hinter der sie ihre tiefen Gefühle der Wertlosigkeit verstecken. Damit die Maske wirklich sitzt, scheuen sie kaum eine Anstrengung, und zwar wegen ihrer zweiten Überzeugung:

Niemand würde mich je so lieben, wie ich bin. Diese Ansicht isoliert den Süchtigen. Es wird entscheidend, Ängste und Unsicherheiten zu verbergen, um Ablehnung und Verlassenwerden zu vermeiden. Obschon man sich innerlich (wegen der ersten Überzeugung) an allem, was schiefgeht, selbst die Schuld gibt, ist man, wegen der übergroßen Angst vor Ablehnung, weder in der Lage, Kritik einzustecken noch Reue zu zeigen. Deshalb ist es auch unmöglich, einer anderen Person emotional nahe zu sein. Oft vermittelt der Betreffende das Bild eines unfehlbaren oder unverletzlichen Menschen. Das schließt ihn noch stärker von engen Beziehungen aus.

Die dritte Überzeugung: *Niemand wird je meine Bedürfnisse stillen,* ist der eigentliche Motor der Sucht. Weil der Süchtige davon überzeugt ist, nicht liebenswert zu sein, kann sein Bedürfnis nach Umsorgtwerden, nach Annahme und Liebe von anderen nicht befriedigt werden. Also muß er diese Bedürfnisse allein stillen. Er kann sich in einer Beziehung nicht entspannen, und er kann auch nicht vertrauen, weil er ja ganz allein für seine emotionale Versorgung zuständig ist. In der Folge wird er manipulativ und kontrollierend. Die Ironie liegt darin, daß er selbstlos, moralisch und wohlwollend erscheinen muß, damit er nicht abgelehnt wird. Gleichzeitig jedoch muß er selbstsüchtig Menschen dahin manipulieren, daß sie seine Bedürfnisse stillen. Der Süchtige wird ein Meister des Doppellebens. Was er innerlich erfährt und was er äußerlich lebt, stimmt immer weniger überein. Seine Furcht vor dem Entdecktwerden führt zu immer größeren Wahnvorstellungen.

Die vierte Überzeugung lenkt seine Spannung in die Richtung der Sexualität: *Sex ist mein wichtigstes Bedürfnis.* In der Kindheit begann der Süchtige nach etwas zu suchen, womit er den Schmerz ungestillter emotionaler Bedürfnisse lindern konnte. Er entdeckte die sexuellen Empfindungen als etwas, was er kontrollieren konnte und was seinen Gefühlsschmerz vorübergehend dämpfte. Auf diese Weise wurden Liebe, Annahme und Fürsorge mit Sex gleichgesetzt. Der Sexsüchtige fürchtet sich außerordentlich vor einem Leben ohne Sex, weil das bedeuten würde, ohne Liebe und Fürsorge leben zu müssen. Weil er allein dafür verantwortlich ist, daß dieses Bedürfnis gestillt wird, ist er gezwungen, immer Sex zu haben.

Das Ergebnis dieser irrigen Überzeugungen ist die Sucht. Die ersten drei Annahmen führen zu negativen Gefühlen, zu Verzweiflung und zum Verlust der Kontrolle. Wenn ein Süchtiger sexuell irgendwie aktiv ist, folgen auf die angenehme Empfindung (Entspannung) tiefste Schuldgefühle. Diese Schuld verstärkt die drei ersten Fehlannahmen und treibt den Süchtigen zu noch intensiverer sexueller Betätigung. Der Süchtige sagt: «Wenn das wahr ist, kann ich es nicht ändern.» Die letzte Annahme vermittelt ein Gefühl der Kontrolle, und zwar insofern, als er meint, er könne selbst dafür sorgen, ob und daß seine sexuellen Bedürfnisse gestillt werden. Masturbation, sexuelle Beziehungen und das Aufsuchen von Prostituierten sind Kontrollmethoden, bei denen sich der Süchtige allerdings auch schuldig fühlt.

Das führt zu einem Paradox. Eigentlich können sexuelle Aktivitäten diese Bedürfnisse nie stillen, der Süchtige geht aber davon aus, daß sie es doch tun. Das Ergebnis ist eine Intensivierung, eine Steigerung des Sexualverhaltens, das diese Bedürfnisse stillen soll. Dabei lassen sich drei Ebenen unterscheiden.

Drei Ebenen des Suchtverhaltens

Es ist unbedingt zu beachten, daß die hier besprochenen Reaktionen nicht automatisch auf ein Suchtverhalten hinweisen. Viele Menschen verhalten sich im sexuellen Bereich unangemessen, sind deswegen aber nicht unbedingt süchtig. Andere wiederum praktizieren Sexualverhalten, die sie eigentlich bereuen, und hören doch nicht auf. Sie brauchen deswegen nicht süchtig zu sein. Der Süchtige ist ein Mensch, dessen Leben außer Kontrolle geraten ist, weil er sich ständig mit seiner sexuellen Aktivität beschäftigt. Er hat nicht nur einfach Probleme mit seiner Sexualität, er ist vom Sex besessen.

Weiter ist es wichtig, darauf hinzuweisen, daß Sucht auf einer der im folgenden beschriebenen Ebenen nicht unbedingt zur nächsten Ebene führen muß. Es gibt Süchtige, die immer auf derselben Ebene bleiben und nie zu gravierenderen Aktivitäten übergehen. Allen Süchtigen gemeinsam ist, daß sie ihr Verhalten nicht mehr selbst steuern können, weil es zwanghaft ist. Ohne an die Risiken zu denken, dreht sich auch im Alltag des Süchtigen alles um sein sexuelles Verhalten. Viele Ehen, Familien und sogar Leben sind schon an einem zwanghaften Verhalten auf Ebene eins zerbrochen. Während es nun sehr wohl möglich ist, daß eine Person, die auf Ebene eins süchtig ist, nie zu Ebene zwei und drei übergeht, ist das Gegenteil leider kaum zu beobachten. Ein Süchtiger auf Ebene zwei oder drei befand sich auf jeden Fall einmal auf Ebene eins. In diesem Sinn stellen die Ebenen eine Steigerung dar.

Das Verhalten auf Ebene eins gilt nicht als illegal; höchstens spricht man einmal vom «Verbrechen ohne Opfer». In unserer Gesellschaft herrscht ein Konsens, daß es als tolerierbar, wenn nicht sogar als normal betrachtet werden kann. Dennoch handelt es sich um Verhaltensweisen, die leicht zum Zwang werden können. Sie sind die Grundlage für die «sexuellen Verbrechen» der Ebenen zwei und drei.

Diese Verhalten schließen zwanghafte Masturbation, Prostitution, Pornographie, Homosexualität und außereheliche Affären ein. Auch heterosexuelle Beziehungen, die zwanghaft sexuell geprägt sind, können darunterfallen; ebenso chronische egoistische sexuelle Wünsche, die der Partner als geschmacklos oder rücksichtslos empfindet. Im allgemeinen ist zu sagen, daß sich ein Süchtiger selten auf eine der genannten Praktiken beschränkt, sondern in der Regel mehrere ausübt.

Das Verhalten auf Ebene zwei ist eindeutig illegal und kennt auch ein Opfer. Die möglichen Folgen einer Entdekkung machen einen Teil des Reizes bei der sexuellen Erregung aus. Obwohl unsere Gesetze solche Aktivitäten verbieten, betrachtet die Gesellschaft die Täter in der Regel mit Mitgefühl. Man empfindet sie eher als lästig denn als bedrohlich. Die gesetzlich vorgesehen Strafen sind relativ milde. Zwar gibt es eindeutige Opfer, aber es ist keine körperliche Gewalt im Spiel. Diese Verhaltensweisen umfassen Exhibitionismus, Voyeurismus, obszöne Telefonanrufe und sexuelle Belästigung – etwa indem eine andere Person ohne deren Einverständnis intim berührt wird.

Bei den auf Ebene drei geübten Verhaltensweisen handelt es sich um ernsthafte Verbrechen. Der Schaden und die Verletzungen, die dem Opfer angetan werden, sind beträchtlich. Obschon das Gesetz einige Fälle verhältnismäßig nachsichtig beurteilt, läßt sich diese Haltung nicht verallgemeinern. In der Regel bringt die Gesellschaft dem Missetäter kaum Verständnis entgegen. Es handelt sich um schwere Verbrechen mit weitreichenden Konsequenzen. Hierzu gehören Kindesmißbrauch, Inzest, Vergewaltigung und Gewaltanwendung.

Das Frühstadium erkennen

Wie kann der einzelne erkennen, ob ein Potential für sexuell zwanghaftes Verhalten vorhanden ist? Die Schwierigkeit liegt insbesondere darin, daß ein großer Teil des Zwangs innerlich ist. Deshalb ist es nötig, ehrlich mit sich selbst zu sein und der Tendenz zum Verdrängen nicht nachzugeben. Wer das schafft, der hat auch die nötigen Fähigkeiten, um mit sexueller Zwanghaftigkeit umzugehen, bevor sie zur Sucht wird. Vielen gelingt das nicht. Die folgenden Ansätze sind Richtlinien für die Beurteilung des eigenen zwanghaften Sexualverhaltens:

1. Das Sexualverhalten wird dazu benutzt, die eigene Stimmung zu verbessern, nicht um intime Zuneigung zu äußern. Wenn das Ziel der Sexualität das Vermeiden negativer Gefühle ist oder wenn sie selbst zur Ursache schmerzhafter Gefühle wird, dann sind das Anzeichen einer Sucht.

2. Das Sexualverhalten bereitet dem Betroffenen oder anderen Schmerz oder Probleme. Sich selbst herabsetzen oder andere ausnützen, das sind Anzeichen für Sexsucht.

3. Das Verhalten muß geheim bleiben. Ein Verhalten, über das man nicht mit anderen reden kann, führt zu Schuld- und Schamgefühlen und deshalb zu einem Doppelleben.

4. Den entsprechenden Beziehungen fehlt es an echter Anteilnahme oder Verbindlichkeit. Das rührt daher, daß der Süchtige den Sex benützt, um einer echten Beziehung aus dem Weg zu gehen.

Grundlage für eine echte Genesung von der Sucht sind gesunde zwischenmenschliche Beziehungen. Der Süchtige geht ein großes Risiko ein,wenn er sexuell außerhalb einer verbindlichen Gemeinschaft lebt.

Dies alles sind Warnsignale. Sie weisen auf eine zunehmende sexuelle Zwanghaftigkeit hin. Hilfreich sind sie nur für Menschen, die bereit sind, sich selbst gegenüber schonungslos offen zu sein.

Ist mein Partner süchtig?

Ich kann geradezu hören, wie sich nun viele diese Frage stellen. Sie ist berechtigt und verdient eine aufrichtige Antwort. Hier folgen deshalb einige «Signale», die auf eine Sucht oder eine gefährliche Zwanghaftigkeit hinweisen können. Keines dieser Symptome sollte auf die leichte Schulter genommen werden.

Wenn Sie ständig das Gefühl haben, von ihrem Partner sexuell ausgenützt zu werden, dann sind diese Gefühle, egal wie Sie beide sie begründen, ein Warnsignal. Sie weisen auf ein Ungleichgewicht in der Beziehung hin. Wenn Sie feststellen, daß Sie Ihre eigenen Werte verraten oder wichtige Teile der Beziehung der sexuellen Befriedigung Ihres Partners opfern, so ist das ein weiteres wesentliches Signal. Es zeigt, daß die Beziehung einseitig und Sex ihr Hauptziel ist.

Es ist wichtig, diese Gefühle des Benutzt- oder Ausgenutztwerdens durch Ihren Partner auszusprechen. Wo solche Gefühle nicht ernst genommen oder abgewertet werden, ist das ein Zeichen dafür, daß Ihre emotionalen Bedürfnisse im Vergleich zu den körperlichen Bedürfnissen Ihres Partners nicht ausreichend beachtet werden. Das heißt, daß die Beziehung selbst um der sexuellen Komponente willen vernachlässigt wird. In einem solchen Fall sind wesentliche Veränderungen nötig, damit die Beziehung gesunden kann. Weitere Warnsignale sind chronische Lügen über Beziehungen oder fragwürdiges Verhalten; ständige Rechtfertigung oder Erklärung eines unangemessenen Sexualverhaltens; Aktivitäten, die immer in sexuell kompromittierende oder verführerische Situationen münden.

Bei allen diesen Anzeichen handelt es sich um die Symptome der Sexsucht. Wo sie vorhanden sind, weisen sie eindeutig auf eine äußerst ungesunde Beziehung hin, auch wenn man vielleicht noch nicht von Sexsucht sprechen muß.

Gibt es Hoffnung?

Auch wenn das alles sehr düster und verzweifelt aussieht, gibt es auch für den Sexsüchtigen Hoffnung. Es gibt Vergebung und Heilung bei dem Gott, der sich ans Kreuz schlagen ließ. Es gibt Menschen, die bereit sind zu helfen, und es gibt andere Sexsüchtige, die ihre Abhängigkeit überwunden haben und ihren Sieg gern mit Leidensgenossen teilen möchten. Aber der einzelne Süchtige muß den ersten Schritt tun, und genau darin liegt die Hauptschwierigkeit.

Verdrängung, Ausreden und Vertuschungsversuche sind ein komplizierter Teil des ganzen Chaos. Es ist eine traurige Tatsache, daß die meisten Süchtigen die Tragweite ihres Problems gar nicht erkennen, bis ihr ganzes Leben wie ein Kartenhaus in sich zusammenstürzt. Verhaftung, Scheidung, Verlassenheit, Verletzungen, Verlust der Arbeitsstelle, das sind Krisen, die einen Süchtigen dazu bringen, Hilfe zu suchen.

Die engsten Beziehungen des Süchtigen sind oft etwas zwiespältig. Denn oft richten gerade die Hilfeversuche der nächsten Mitmenschen den meisten Schaden an. Ehepartner, Eltern und Freunde bewahren den Süchtigen unbewußt immer wieder vor der Katastrophe. Sie rechtfertigen, entschuldigen, leugnen und lügen für ihn, damit er die Konsequenzen seines Verhaltens nicht tragen muß. Sie vermeiden es, ihn auf sein Fehlverhalten anzusprechen. Sie akzeptieren immer wieder wacklige Entschuldigungen für unverantwortliches Handeln und nicht eingehaltene Verpflichtungen. Sie verschaffen gegenüber Arbeitgebern, Kindern und anderen, die die Folgen des Verhaltens des Süchtigen mitbekommen, Alibis. Indem sie versuchen, eine Krise zu vermeiden, räumen sie die Hauptmotivation für eine Veränderung aus dem Weg. Das Problem wird in die Länge gezogen, weil der Süchtige so die Illusion der Normalität aufrechterhalten kann. Solange er die Auswirkungen seines Handelns nicht in vollem Umfang am eigenen Leib erfährt, besteht nur eine geringe Chance, daß er Hilfe suchen wird. Der Entzug des Schutzes ist der schwierigste, aber auch der wichtigste Schritt, den ein Angehöriger unternehmen kann.

Der erste Schritt zur Genesung ist getan, wenn der Süchtige seine Hilflosigkeit zugibt und Hilfe sucht. Im Genesungsprozeß geht es darum, die vier falschen Grundannahmen, die weiter oben besprochen wurden und die die Wahrnehmung der Wirklichkeit verfälschen, anzuerkennen und zu verstehen. Gefühlen der Wertlosigkeit und der Verlassenheit muß man auf den Grund gehen. Angst vor Vertrauen und Verletzlichkeit muß bloßgelegt werden, damit gesunde Beziehungen aufgebaut werden können. Irrige Überzeugungen müssen durch gesunde und realistische Gedanken ersetzt werden. Im Umgang mit Mitmenschen müssen neue Muster eingeübt werden. Das alles kann ein Süchtiger nicht allein fertigbringen. Seine Genesung ist abhängig von der Unterstützung anderer.

Für die Genesung des Sexsüchtigen ist die Teilnahme an einer Selbsthilfegruppe ganz wesentlich. Er braucht Verbindlichkeit gegenüber denjenigen, die an seinem Wachstum und an seiner Heilung interessiert sind. In einer solchen Gruppe findet man gegenseitige Unterstützung und Verständnis, während doch jeder einzelne für sein Verhalten selbst verantwortlich ist. Solche Gruppen gründen sich auf die «zwölf Schritte» der Anonymen Alkoholiker und sind in den letzten Jahren in den USA, in Europa und Kanada entstanden.

Durch diese zwölf Schritte lernt der einzelne anzuerkennen, daß das Problem stärker ist als er selbst. Er hat die Kontrolle über seine Sexsucht verloren. Er muß es lernen, Gott zu vertrauen, von Gott abhängig zu werden, damit er seine Zwanghaftigkeit überwinden kann. Die Quelle des Lebens und des Selbstvertrauens des Süchtigen muß in Gott sein, nicht in seiner Abhängigkeit. Er muß gesunde, vertrauensvolle Beziehungen innerhalb der Gruppe aufbauen und für sein Handeln in der Vergangenheit, in der Gegenwart und in der Zukunft Verantwortung übernehmen. Dieser Prozeß geht langsam und schmerzlich vor sich, aber die Ergebnisse sind den Aufwand wert.

Wer bereit ist, Hilfe zu suchen, um von seinem zwanghaften Verhalten loszukommen, dem bieten sich zahlreiche Möglichkeiten. Es gibt Fachleute, die sich auf die Arbeit mit zwanghaften Menschen spezialisiert haben, und es gibt außerdem viele Selbsthilfegruppen, deren Ziel es ist, Freiheit von der Sexsucht zu verschaffen.

Bisher gibt es noch sehr wenig Literatur über das Phänomen der Sexsucht. Unterlagen sind erhältlich bei der Organisation Sexaholics Anonymous (S.A., P.O.Box 300, Simi Valley, CA 93062, U.S.A.)

Der folgende Test wurde von Sexaholics Anonymous ausgearbeitet. Er soll dem einzelnen helfen, selbst zu beurteilen, ob bei ihm eine Tendenz zur Sexsucht vorhanden ist.

1. Hatten Sie je das Gefühl, Sie könnten im Blick auf Ihre sexuellen Gedanken oder Ihr Verhalten Hilfe brauchen?

2. Ist Ihnen je der Gedanke gekommen, es würde Ihnen besser gehen, wenn Sie nicht immer wieder «nachgeben» müßten?

3. Hatten Sie je das Gefühl, Sie würden von Sex oder sexuellen Anreizen beherrscht?

4. Haben Sie je versucht, mit dem, was Ihnen an Ihrem Sexualverhalten verkehrt vorkam, aufzuhören oder es einzuschränken?

5. Benutzen Sie den Sex als Fluchtmechanismus, um Angst zu verdrängen oder weil Sie mit dem Leben nicht fertig werden?

6. Haben Sie hinterher Schuldgefühle oder Gewissensbisse oder fühlen sich deprimiert?

7. Hat Ihr Wunsch nach Sex etwas Zwanghaftes?

8. Belastet er die Beziehung zu Ihrem Partner?

9. Brauchen Sie Bilder oder Erinnerungen, um sich anzuregen?

10. Entsteht ein unwiderstehlicher Impuls, wenn die andere Seite Annäherungsversuche macht oder wenn Ihnen Sex angeboten wird?

11. Wechseln Sie ständig von einer «Beziehung» oder einem Liebhaber/einer Geliebten zum/zur nächsten?

12. Haben Sie den Eindruck, die «richtige Beziehung» würde Ihnen helfen, die Begierde in den Griff zu bekommen oder mit dem Masturbieren oder der Promiskuität aufzuhören?

13. Haben Sie das Gefühl, von einem Verlangen verzehrt zu werden, das Sie fast zerstört – der verzweifelten sexuellen oder emotionalen Begierde nach einem anderen Menschen?

14. Führt Ihr Verlangen nach sexueller Betätigung dazu, daß Sie sich selbst, Ihre Familie oder andere Menschen vernachlässigen?

15. Hat Ihre Leistungs- oder Konzentrationsfähigkeit nachgelassen, seit die sexuelle Betätigung zum Zwang wurde?

16. Verlieren Sie deshalb bei der Arbeit Zeit?

17. Begeben Sie sich auf der Suche nach sexueller Befriedigung in ein niedrigeres Milieu?

18. Wollen Sie nach dem Geschlechtsakt Ihren Sexualpartner so schnell wie möglich verlassen?

19. Masturbieren Sie oder haben Sie Verkehr mit anderen, auch wenn die sexuelle Beziehung zu Ihrem Ehepartner eigentlich befriedigend ist?

20. Wurden Sie je wegen eines Sexualdelikts festgenommen?[20]

«Jede [sexuelle] Beschränkung in der Bibel
kann in einem Grundsatz zusammengefaßt
werden: Sex gehört in die Ehe. Und dort gilt:
Entspannen Sie sich und genießen Sie einander
in der Liebe.»

8

DER REICHTUM DER BIBEL

Ich bin schon dreizehn Jahre Christ, aber ich hatte keine Ahnung, was die Bibel alles zum Thema Sex zu sagen hat.» Mark erzählte von seinem Bibelkurs über Sexualität. «Ich habe gedacht, ich würde in diesem Kurs dasselbe hören, was ich schon seit meiner Kindheit immer gehört habe, alle diese Vorschriften und Gebote, ‹Du sollst...› und ‹Du darfst nicht...› Wirklich erstaunlich!» Mit einem Augenzwinkern fügte er hinzu: «Ich entdecke, daß Gott viel mehr von Sex versteht, als ich ihm zugetraut hätte.»

Unsere Welt ist voller schöner Dinge, die Gott geschaffen hat und die der Mensch mißbraucht. Man denke nur an die Ufer des Erie-Sees oder an die Luft in Los Angeles. An ein Stück Holz, das man brauchen kann, um ein Haus zu bauen oder um einen anderen totzuschlagen. Die menschliche Fantasie kann herrlich kreativ, aber auch zutiefst zerstörerisch sein. Dasselbe gilt für die Gabe unserer Sexualität. Die Schönheit, die Freude, die wir an ihr empfinden, die Geborgenheit, die wir in ihr erleben dürfen, das Gefühl von Nähe und Vertrauen, das sie uns vermitteln will, wird oft entstellt und von selbstsüchtigen, manipulativen Forderungen verdrängt.

Das kann zum Beispiel dann geschehen, wenn wir Gott unsere vorgefaßten Meinungen unterschieben. Wir lesen nur die Abschnitte der Bibel, in denen wir die Botschaft finden, die wir suchen. Es gibt viele Menschen wie Mark. Sie «wissen» schon vorher, was die Bibel sagt. Ihre Eltern haben es ihnen gesagt. Der Pfarrer hat es ihnen gesagt. Es paßt zu dem, was sie sonst noch von der Bibel «wissen». Aber sie haben sich nie die Zeit genommen, dieses Buch tatsächlich zu erforschen. So wissen sie zwar, was alle anderen dazu meinen, nur nicht, was Gott sagt.

In diesem Kapitel wollen wir uns damit befassen, was die Bibel zum Thema Sex zu sagen hat. Das soll keine umfassende Untersuchung werden; mein Anliegen ist es, die Tür aufzustoßen und Ihnen Mut zu machen, das Thema selbst zu erforschen. Wenn Sie sich noch nie zuvor damit beschäftigt haben, was in der Bibel über die Sexualität steht, dann machen Sie sich auf Überraschungen gefaßt.

In einem der vorherigen Kapitel haben wir bereits gesehen, was die Schöpfungsgeschichte über Gottes Absicht mit unserer Sexualität sagt. Nun wollen wir weitergehen.

Das Hohelied Salomos ist ein ausgezeichnetes Beispiel. Wenn Sie versuchen, das Bildhafte der hebräischen Symbolik zu verstehen, dann entdecken Sie, daß dieses Buch eine laute und deutliche Sprache spricht.

Hier beschreibt die junge Braut ihren Mann:

Wie ein Apfelbaum unter den Bäumen des Waldes,
so ist mein Geliebter unter den Söhnen.
In seinem Schatten zu sitzen, gelüstet's mich,
und seine Frucht ist meinem Gaumen süß.
Er hat mich ins Weinhaus hineingeführt,
und sein Zeichen über mir ist Liebe.
Stärkt mich mit Traubenkuchen,
erquickt mich mit Äpfeln,
denn ich bin krank vor Liebe!
Seine Linke liegt unter meinem Kopf,

und seine Rechte umfaßt mich.
(Hoheslied 2,3-6)

Danach sagt der Bräutigam über seine Braut:

Dein Hals ist wie der Turm Davids,
der rund gebaut ist.
Tausend Schilde hängen daran,
alles Schilde von Helden.
Deine beiden Brüste sind wie zwei Kitze,
Zwillinge der Gazelle,
die in den Lilien weiden.
Wenn der Tag verhaucht
und die Schatten fliehen,
will ich zum Myrrhenberg hingehen
und zum Weihrauchhügel.
Alles an dir ist schön, meine Freundin,
und kein Makel ist an dir.
(Hoheslied 4,4-7)

Zu seiner Braut sagt der Bräutigam:

Ein verschlossener Garten ist meine Schwester,
meine Braut,
ein verschlossener Born, eine versiegelte Quelle.
Was dir entsproßt,
ist ein Lustgarten von Granatapfelbäumen
samt köstlichen Früchten ... samt allerbesten Balsam-
sträuchern.
(Hoheslied 4,12-14)

Darauf antwortet die Braut:

Wach auf, Nordwind,
und komm, Südwind!
Laß duften meinen Garten,

laß strömen seine Balsamöle!
Mein Geliebter komme in seinen Garten
und esse seine köstlichen Früchte!
(Hoheslied 4,16)

Im ganzen Buch wird das Bild eines offenen, entspannten und erfüllenden Liebesspiels zwischen einer jungen Braut und ihrem Bräutigam gezeichnet. Schuld gibt es hier nicht. Wir werden später noch auf einige dieser Abschnitte zurückkommen und untersuchen, warum nicht.

Warnungen der Bibel

Ein interessanter Vers findet sich in Hebräer 13,4:

Die Ehe sei ehrbar in allem, und das Ehebett sei unbefleckt! Denn Unzüchtige und Ehebrecher wird Gott richten.

Das griechische Wort, das hier mit Bett übersetzt wird, heißt *koite*. Das heißt eigentlich Koitus, also Geschlechtsverkehr. Genau dasselbe Wort wird in Römer 13,13 mit «Unzucht und Ausschweifung» wiedergegeben. Immer, wenn dieser Begriff negativ gebraucht wird, geht es dabei also um vorehelichen Sex (Unzucht) oder um außerehelichen Sex (Ehebruch). Dadurch wird das «Ehebett» befleckt.

1. Timotheus 4,4 lehrt uns, daß alles, was Gott geschaffen hat, gut ist. Alles kann aber entweder für gute oder für schlechte Ziele eingesetzt werden. Der richtige Gebrauch der guten Gabe der Sexualität ist ganz eindeutig: Sex wird innerhalb der Verbindlichkeit und Dauerhaftigkeit der Ehe gefördert und ermutigt, nie aber außerhalb. Innerhalb der liebenden Verbindung einer Ehe stellt Gott jedoch keine sexuellen Schranken auf.

Auch die ersten neun Kapitel der Sprüche haben sehr

viel über die Sexualität zu sagen. Vor allem Kapitel 5,15-21 ist ein gutes Beispiel. Dort steht die Anweisung eines Vaters an seinen Sohn, des weisesten Königs aller Zeiten an einen jungen Prinzen. Es geht um den richtigen Gebrauch des Sexualtriebes. Salomo gebraucht dafür eine sehr bildhafte Sprache:

Trinke Wasser aus deiner eigenen Zisterne
und was aus deinem Brunnen quillt.
Sollen nach draußen verströmen deine Quellen,
auf die Plätze die Wasserbäche?
Dir allein sollen sie gehören,
doch keinem Fremden neben dir.
Deine Quelle sei gesegnet,
erfreue dich an der Frau deiner Jugend!
Die liebliche Hirschkuh und anmutige Gemse –
ihre Brüste sollen dich berauschen jederzeit,
in ihrer Liebe sollst du taumeln immerdar!
Warum solltest du, mein Sohn, an einer Fremden
taumeln
und den Busen einer anderen umarmen?
Denn vor den Augen des Herrn liegen eines jeden Wege,
und auf alle seine Bahnen gibt er acht.
(Sprüche 5,15-21)

Die Verse 15–17 sprechen natürlich nicht von den Schafen des Nachbarn, die zu tränken sind! Nein, es geht hier darum, das Zusammensein mit der eigenen Frau zu genießen. Die Verse 18 und 19 machen das ganz deutlich. Die Sexualität soll ein einziger Genuß sein, ein Vergnügen innerhalb der Grenzen einer lebenslangen Bindung an einen Partner.

Wenn wir zum Anfang des Kapitels zurückblättern, stellen wir fest, wie sehr dem König sein Sohn am Herzen liegt und weshalb er diese Anweisungen schreibt. Er schreibt nämlich als «einer, der es selbst erlebt hat»:

Mein Sohn, horche auf meine Weisheit,
zu meiner Einsicht neige dein Ohr,
daß du Besonnenheit behältst
und deine Lippen Erkenntnis bewahren!
Denn Honig träufeln die Lippen der Fremden,
und glatter als Öl ist ihr Gaumen;
aber zuletzt ist sie bitter wie Wermut,
scharf wie ein zweischneidiges Schwert.
Ihre Füße steigen hinab zum Tod,
auf den Scheol halten ihre Schritte zu.
Damit du auf den Pfad des Lebens nur nicht achtgibst,
sind unstet ihre Bahnen, und du erkennst es nicht.
Nun denn, ihr Söhne, hört auf mich
und weicht nicht ab von den Worten meines Mundes!
Halte fern von ihr deinen Weg
und komm ihrer Haustür nicht nah!
Sonst gibst du anderen deine Lebensblüte
und deine Jahre einem Grausamen.
Sonst sättigen Fremde sich noch an deinem Vermögen,
an deinem mühsam Erworbenen in eines Ausländers Haus;
und du stöhnst zuletzt,
wenn dein Fleisch und dein Leib dahinschwinden.
(Sprüche 5,1-11)

Schlagen Sie nun einmal das dritte und das fünfte Buch Mose auf – die Gesetze, die Gott den Israeliten gegeben hat. Zur Zeit, als sie niedergeschrieben wurden, bereitete Gott das Volk Israel auf eine ganz besondere Aufgabe vor. Er wollte es gebrauchen, um den Messias in die Welt zu bringen. Er wollte es zu einer erfolgreichen und mächtigen Nation machen. Gott wußte, daß lasche sexuelle Normen für die Entwicklung einer Gesellschaft katastrophale Folgen haben. Er hatte darum eine sehr wirksame Methode, um die Promiskuität unter jungen Leuten unattraktiv zu machen. Er setzte folgende Regeln ein:

1. Zunächst einmal wurde jede Art von Ehebruch mit dem Tode sowohl des Mannes als auch der Frau bestraft (3. Mose 20,10).

2. Wenn eine Frau vor der Ehe mit jemandem schlief und sich das in der Hochzeitsnacht dadurch herausstellte, daß das Bettlaken nicht blutig war, wurde sie getötet (5. Mose 22,13-21).

3. Wenn ein Mann mit einer verlobten Frau schlief, wurde er gesteinigt (5. Mose 22,23-27).

4. Wenn ein Mann mit einer unverlobten Jungfrau schlief, mußte er sie heiraten, was die Bezahlung eines Brautpreises einschloß (5. Mose 22,28-29).

Denken Sie einmal einen Moment über diese vier Gesetze nach. Die Strafen mögen wohl sehr hart gewesen sein, aber sie waren eine ausgezeichnete Methode, um den verantwortlichen Umgang mit der Sexualität zu fördern! So darf man annehmen, daß eine Frau, die vor der Ehe ihre Unschuld verlor, den betroffenen Mann nicht einfach laufen ließ. Schließlich bedeutete die Heirat mit einem anderen für sie die Todesstrafe. Blieb sie jedoch unverheiratet, dann gab es in der Gesellschaft keinen Platz für sie, außer vielleicht als Hure. Das dürfte also eine ziemlich wirksame Methode gewesen sein, um die sexuelle Reinheit vor der Ehe zu garantieren. Diese Anordnungen zeigen aber auch, welche Bedeutung Gott der sexuellen Enthaltsamkeit außerhalb der Ehe zumißt.

Kehren wir nun zum Hohelied Salomos zurück. Wie gesagt, spricht dieses Buch ganz deutlich von den Freuden der ehelichen Liebe. Es geht darin um die Beziehung zwischen Salomo und seiner Braut Sulamit vor und nach der Hochzeit. Sowohl ihre sexuellen Erfahrungen als auch ihre Träume, Ängste und Fantasien werden angesprochen. (Für eine eingehendere Betrachtung dieses Buches empfehle ich die Lektüre von *Und die Zwei werden sein ein Fleisch* von Joseph Dillow.)

Es gibt einen Satz, den die Braut dreimal ausspricht: «Weckt nicht auf die Liebe und stört sie nicht, bevor es ihr selber gefällt!» (2,7, 3,5 und 8,4) Dieser Satz ist in erster Linie eine Warnung vor vorehelicher sexueller Promiskuität, geht aber noch darüber hinaus. Er umschließt auch das Wecken sexueller Empfindungen, die Erregung eines jeden Menschen, der nicht der Lebenspartner ist. Im Hinblick auf die sexuelle Freiheit ist das eine zentrale Aussage.

Dieses Zitat findet sich mitten in den Liebesszenen. Dort beschreibt die Braut die schöne, befreiende Erfahrung der Liebe in der Hochzeitsnacht. Sie erklärt diese Schönheit und Freiheit mit ihrer vorehelichen Keuschheit. Die Botschaft darin ist die folgende: Sexuell geprägte voreheliche Beziehungen können die Schönheit der Sexualität in der Ehe gefährden. Das Hohelied steht also in einem moralischen Umfeld, das mit den übrigen Aussagen der Bibel übereinstimmt.

Wenn man bedenkt, welch schlechten Ruf die Bibel im Blick auf das Thema Sex hat, dann ist es wichtig festzustellen, daß sich jede Beschränkung in der Bibel in *einem* Prinzip zusammenfassen läßt: Sex gehört in die Ehe. Wenn Sie einen Sexualpartner haben und ihm oder ihr durch die Ehe lebenslang verbunden sind, dann entspannen Sie sich und genießen Sie einander in der Liebe.

Nun gibt es also wenige Grenzen, aber kräftige Warnungen. Gott legt offensichtlich höchsten Wert auf sexuelle Reinheit. Wie bereits gesagt, galt im Alten Testament für sexuelle Promiskuität die Todesstrafe. Auch das Neue Testament macht einige wesentliche Aussagen über die Gefahren sexueller Abenteuer. Die Norm ist eindeutig: kein Sex vor der Ehe. Es gibt keine Unterscheidung zwischen gelegentlichen sexuellen Kontakten oder dem Geschlechtsverkehr von Menschen, die «in Gottes Augen verheiratet» sind. Für solche Spitzfindigkeiten oder Rechtfertigungen besteht hier kein Raum. Wir wollen uns die neutestamentlichen Aussagen aber noch etwas genauer ansehen.

Im griechischen Text wird für Unzucht und Unsittlichkeit das Wort *porneia* gebraucht. Porneia meint jede sexuelle Aktivität außerhalb der Ehe. Darunter fallen vor- und außerehelicher Sex, Homosexualität und die ganze Bandbreite sexueller Perversionen. Das sind derart schwerwiegende Verzerrungen von Gottes Wunsch und Plan, daß die Christen ermahnt werden, jegliche Form von Unzucht nicht nur zu meiden (1. Thessalonicher 4,3), sondern nicht einmal darüber zu sprechen (Epheser 5,3).

Ich verzichte darauf, die im folgenden genannten Stellen zu zitieren, empfehle Ihnen jedoch dringend, sie nachzuschlagen und im Zusammenhang zu lesen. So werden meine Erläuterungen verständlicher.

1. Korinther 5,9-13: Paulus ermahnt die Gemeinde in Korinth, keine Mitglieder zu dulden, die ständig in porneia leben, sondern sie zu ächten.

1. Korinther 6,13-20: Hier wird gezeigt, wie ernst die – körperlichen und geistlichen – Auswirkungen verbotenen Geschlechtsverkehrs sind. Paulus gebraucht das Beispiel einer Hure, aber es geht ihm um die Handlung, nicht um die Person, mit der sie begangen wird. Genausogut hätte er einen Arbeitskollegen oder den Anführer einer Clique als Beispiel nennen können.

1. Korinther 10,8-13: Paulus erklärt, daß Gott im Alten Testament sexuelle Unsittlichkeit so hart bestrafte, damit wir, die wir in der Endzeit leben, ein Beispiel haben. In Vers 13 verspricht Gott uns, daß keine Versuchung so groß sein wird, daß wir ihr nicht standhalten können. Wenn Gott etwas von uns verlangt, dann gibt er uns auch die dazu nötige Kraft.

Galater 5,16-21: Unzucht steht an erster Stelle der Aufzählung jener Werke des Fleisches, die dem Geist Gottes im Leben des Christen diametral entgegenstehen. Auf diesen Abschnitt folgen die Früchte des Geistes. Hier steht an erster Stelle die Liebe. Das kann bedeuten, daß vorehelicher Sex genau wie Ehebruch das Gegenteil von Liebe ist. Vers 21 sagt deutlich, daß das Erbe des Reiches Gottes durch solches Verhalten verspielt wird. Diese Warnung wiederholt Paulus in 1. Korinther 6,9-10 und in Epheser 5,5-6.

Kolosser 3,5-6: Paulus macht deutlich, daß porneia den Zorn Gottes auf sich zieht.

1. Thessalonicher 4,1-8: Paulus warnt und schreibt, daß Unzucht dem Willen Gottes widerspricht und daß Gott sexuelle Unmoral rächt.

Hitchcocks makabere Story

Es gibt ein sehr eindrückliches Stück von Alfred Hitchcock, das mir in diesem Zusammenhang einfällt. Es beginnt mit einer Frau, die des Mordes für schuldig befunden und zu lebenslanger Haft ohne Bewährung verurteilt wurde. Sie schwor sich, irgendwie freizukommen, und suchte fieberhaft nach einem Fluchtplan.

Im Lauf ihrer Haft schloß sie Freundschaft mit dem Totengräber des Gefängnisses, einem älteren Mann mit ernsthaften, chronischen Gesundheitsproblemen. Seine Aufgabe war es, alle Inhaftierten, die im Gefängnis starben, wegzuschaffen. Er baute den Sarg, hob das Grab aus und schüttete es wieder zu.

Die Frau versicherte dem Totengräber, sie würde für die Behandlung seines Gebrechens sorgen und sie auch finanzieren, wenn sie nur erst aus dem Gefängnis herauskäme. Schließlich überredete sie ihn, ihr als Gegenleistung für die Behandlung bei der Flucht zu helfen.

Sie planten, daß die Frau, wenn die Glocke das nächste Mal läutete, um den Tod eines Häftlings zu verkünden, ins Leichenschauhaus schleichen und zu der Leiche in den Sarg klettern würde. Der Totengräber würde wie immer den Sarg aus dem Gefängnis transportieren und auf dem

Friedhof beisetzen. Kurze Zeit später würde er zurückkommen, den Sarg wieder ausgraben und die Frau be-
freien. Der Plan war sehr durchdacht und ziemlich erfolg-
versprechend.

Alles verlief genau wie vorgesehen. Die Glocke läutete,
die Frau ging ins Leichenschauhaus und legte sich neben
die Leiche in den dunklen Sarg. Sie spürte, wie der Sarg
auf den Friedhof gebracht, ins Grab hinuntergelassen und
mit Erde zugedeckt wurde. Sie wartete und wartete und
wartete. Eine Ewigkeit schien zu verstreichen, bis sie es
endlich voller Verzweiflung wagte, ein Streichholz anzu-
zünden, um nachzusehen, wieviel Zeit vergangen war.
Was sie im Licht der kleinen Flamme entdeckte, war fürch-
terlich. Der Tote neben ihr im Sarg war ihr Freund, der
Totengräber.

Können Sie sich die Verzweiflung, die Reue jener Frau
vorstellen? Ein perfekter Plan. Ein einziger Haken. Eine
vollkommene Katastrophe.

Genau das geschieht, wenn wir die klaren Warnungen,
die Gott in seinem Wort ausspricht, in den Wind schlagen.
Er hat uns nicht eine Reihe von Gesetzen, von Verhaltens-
regeln und Anforderungen auferlegt, die uns gefangen-
nehmen. Nein, er hat vielmehr dafür gesorgt, daß wir eine
sexuelle Erfüllung erfahren dürfen, die uns befreit, uns
einander zu öffnen und uns einander wirklich anzuver-
trauen. Wenn wir unsere eigenen Wege gehen, dann werden alle Pläne, alle Erklärungen und alle Ausreden der
Welt nichts daran ändern, daß wir die Folgen unseres Verhaltens, der Übertretung seiner Gebote, tragen müssen.

Die Erfahrungen der Menschen, von denen ich in diesem Buch berichte, die besprochenen Reaktionsmuster
und die Probleme schildern Folgen, die vorhersehbar und
zu erwarten sind, wenn am Kern der sexuellen Beziehung
vorbeigelebt wird. Gott hat die Menschen mit der Fähigkeit zu sexueller Begegnung gesegnet. Er wollte, daß wir
Freude, Erfüllung und Nähe erleben und uns – selbstver-

ständlich – auch fortpflanzen. Diese Freude und Erfüllung können wir erfahren, wenn wir seinen Plänen folgen. Oder aber wir können sein Geschenk mißbrauchen – und müssen dann auch die Konsequenzen tragen. Die Entscheidung liegt bei uns.

Zusammenwachsen

1) Schlagen Sie 1. Thessalonicher 4,1-8 auf. Können Sie, ausgehend von diesem Abschnitt, irgendeinen guten Grund für eine voreheliche Beziehung nennen?

2) Versuchen Sie in eigenen Worten zu erklären, wie sich Gottes Liebe gerade in den Einschränkungen im Blick auf die Sexualität ausdrückt.

«*Gesunde, wachsende und erfüllende Beziehungen entstehen nicht zufällig, sondern sind das Ergebnis vieler, vieler einzelner Entscheidungen. Es ist wichtig, Ziele und Prioritäten festzusetzen.*»

9

FREI WERDEN

Bisher haben wir über das Wieso und Warum, über soziologische und psychologische Probleme und über die theologische Seite der Promiskuität gesprochen. Bei allem, was gesagt und getan wird, müssen wir aber doch immer wieder zur zentralen Frage zurückkehren, nämlich: Wie wird das Ganze *praktisch*? Was kann ein Paar tun, um auf den richtigen Weg zurückzufinden oder gar nicht erst in solche Probleme hineinzuschlittern?

Wir alle wissen, daß unsere Gesellschaft, vor allem die Medien – Filme, Fernsehen, Musik, Zeitschriften, Bücher –, uns mit sexuellen Anreizen überfluten. Wir können nicht einen Abend lang fernsehen oder in einer Zeitschrift blättern, ohne auf die verschiedensten Arten mit sexuellen Botschaften konfrontiert zu werden. Es ist schwierig geworden, sich *nicht* mit Sex zu beschäftigen! Die Botschaft, die vermittelt wird, lautet: «Sexuelle Freiheit ohne Verbindlichkeit ist kein Problem. Traditionelle, biblische Werte sind unsinnig. Sex ist entspannend, erholsam, unverbindlich und hat scheinbar keinerlei moralische Bedeutung. Außerdem macht Sex Spaß. Sexuelle Erregung ist etwas Angenehmes, deshalb sehnen wir uns auch immer wieder danach.» Das kann zu tiefen und vielschichtigen Problemen führen.

Nun sind sexuelle Empfindungen in der Tat natürlich und normal; daß sie allerdings übermächtig und unwiderstehlich wären, ist ein Märchen. Wir selber entscheiden, wie sehr sie uns beeinflussen dürfen, und wir selber entscheiden auch, wie wir darauf reagieren wollen. Ein Beispiel macht das deutlich: Zwei Teenager sitzen auf dem Sofa und tauschen intensivst Zärtlichkeiten aus. Schließlich meint der Junge: «Jetzt muß ich's einfach tun! Ich kann mich nicht mehr zurückhalten!» Das Mädchen braucht in diesem Moment nur zu sagen: «Ich glaube, meine Mutter kommt», und in Sekundenschnelle weiß der junge Mann, wie er aufhören kann ... Erstaunlich, nicht wahr?

Wenn der ledige Christ lernen will, sein Sexualverhalten verantwortlich zu gestalten, sind die in diesem Buch besprochenen Fragen von höchster Bedeutung. Es ist klar, daß die Bibel von alleinstehenden Christen Keuschheit verlangt und daß Ungehorsam schwerwiegende Konsequenzen nach sich ziehen kann. Gott hat uns jedoch nicht nur die Verantwortung übertragen, innerhalb dieser Grenzen zu leben, er hat uns auch mit den entsprechenden Fähigkeiten ausgestattet. Wer den aufrichtigen Wunsch hegt, ob nun als Single oder als Paar, daß die körperliche Beziehung biblisch und gesund wächst, der braucht nicht zu verzagen.

Der Weg zum Erfolg

Die Vorbereitung auf eine lebenslange Bindung ist ein umfassender Prozeß, der viel Zeit und Kraft braucht. Leider nehmen sich die meisten Menschen mehr Zeit, um den Führerschein zu machen, als sich auf die Ehe vorzubereiten! Die folgenden Anregungen für die sexuelle Entwicklung können von jedem Paar umgesetzt werden, das seine sexuelle Reinheit behalten oder zurückgewinnen will.

1. Wenn Sie bereits miteinander sexuell aktiv waren, müssen Sie erkennen, daß Sie damit ein Problem geschaffen haben, das ihrer Beziehung schaden wird. Unabhängig davon, wie Sie versuchen, die sexuelle Beziehung zu rechtfertigen, ist es wichtig, daß Sie beide einander und Gott um Vergebung bitten. Indem Sie Ihre Reue und Ihre Fehler in Worte fassen, kann dieses Gespräch zum Wendepunkt in Ihrer Beziehung werden. Es wird Ihnen auch helfen, die eigene Verantwortung für die Entwicklung Ihrer Beziehung zu erkennen. Verpflichten Sie sich voreinander dazu, Änderungen vorzunehmen.

2. Meiden Sie sexuell aufreizende Dinge. Dazu gehören pornographische Filme oder Literatur und eindeutig suggestive Fernsehsendungen oder Musik. Seien Sie auf der Hut vor allem, was *künstlich* sexuelles Verlangen weckt. Diese Beispiele mögen unschuldig oder gar banal erscheinen, aber wenn Sie sich solchen Einflüssen aussetzen, dann sinkt mit der Zeit Ihre Motivation, rein zu bleiben, und die eigenen Wertvorstellungen verlieren an Bedeutung. Wenn sich beide auch einzeln von solchen Anreizen fernhalten, wird es einem Paar viel leichter fallen, die Versuchung als Einheit zu meistern.

3. Beschäftigen Sie sich mit positiven Dingen, die die biblischen Werte stärken. Für das Lesen und Meditieren der Bibel gibt es keinen Ersatz. Außerdem gibt es unzählige gute Bücher und Kassetten, die die negativen sexuellen Signale, mit denen wir täglich konfrontiert sind, ersetzen können. Vielleicht haben Sie einen Lieblingsredner oder einen Lieblingsautor. Wenn nicht, wird Ihnen Ihr Pfarrer oder die christliche Buchhandlung bestimmt einige Anregungen geben können.

Wir können wählen, womit wir uns füllen wollen. Das, was wir in uns aufnehmen, wird uns auch kontrollieren.

4. Vermeiden Sie es, die sexuelle Erregung bei Ihrem Partner gezielt und bewußt zu steigern. Fragen Sie sich: «Kann ich die Wünsche, die ich in diesem Menschen wecke, moralisch erfüllen?» Wenn nicht (und wenn Sie nicht verheiratet sind, können Sie das nicht), dann ist es schlicht und einfach eine Form von Betrug, wenn Sie in Ihrem Partner die Leidenschaft wecken. Die normale, gesunde emotionale Entwicklung der Liebesbeziehung, die Sie eigentlich wollen, wird dadurch gehemmt, und Sie stellen sich selbst die Fallen, von denen wir bereits gesprochen haben.

5. Setzen Sie sich zusammen, und reden Sie miteinander ganz offen und ehrlich über Ihre Überzeugungen, Hoffnungen und Ängste, aber auch Ihre Wünsche im Blick auf die körperliche Beziehung. Seien Sie konkret, wenn es darum geht, wo es für Sie beide kritisch wird. Dazu braucht es eine große Bereitschaft zu Ehrlichkeit und Verletzlichkeit. Sie können sexuelle Wünsche nicht kontrollieren, indem Sie sie leugnen. Sie werden darüber sprechen und einen Plan aufstellen müssen. Behaupten Sie nicht, Sex mache Ihnen keinen Spaß, wenn Sie ihn genießen. Aber geben Sie es zu, wenn Probleme vorhanden sind, und überlegen Sie gemeinsam, wie Sie mit den Versuchungen umgehen wollen.

Ihre Fähigkeit und Bereitschaft zum offenen Austausch ist ein guter Gradmesser dafür, ob Sie für die Ehe bereit sind oder nicht. Wenn Sie oder Ihr Partner zu einem solchen Gespräch nicht bereit oder in der Lage sind, ist das ein Zeichen dafür, daß die Beziehung noch wachsen muß, bevor eine Ehe sinnvoll ist. Indem man als Paar darüber spricht, übernehmen beide Verantwortung für diesen Teil der Beziehung. Kein Partner darf sich nur zurücklehnen und sagen: «Im Grunde liegt es an dir.» Nur der gemeinsame Einsatz stärkt die Intimität und fördert die Kommunikation.

6. Bestimmen Sie gemeinsam, wie weit Sie körperlich gehen wollen, damit sich in Ihrer Beziehung echte Nähe entwickeln kann. Der Zurückhaltendere von Ihnen ist maßgeblich. Das heißt, während Sie selbst sich wohlfühlen, wenn Sie einander im Auto lange küssen, Ihr Partner aber nur noch einen Gutenachtkuß unter der Tür möchte, dann sollte die Grenze beim Gutenachtkuß unter der Tür gesetzt werden. Sonst haben Sie ständig mit Schuldgefühlen zu kämpfen, und das Zusammensein könnte den Reiz des Verbotenen annehmen. Einer von Ihnen könnte sich vom anderen «gebraucht» fühlen und ihm deswegen grollen. Seien Sie auf der Hut, wenn Ihr Partner versucht, Sie zu mehr zu drängen, als Ihnen angenehm ist. Es ist ihm möglicherweise wichtiger, selber auf seine Rechnung zu kommen, als eine gesunde und für beide Seiten befriedigende Beziehung zu entwickeln. In diesem Fall dürften Heiratspläne verfrüht sein.

7. Besprechen Sie miteinander, ob es Zeiten, Orte oder Situationen gibt, die einen von Ihnen oder Sie beide voraussichtlich in Versuchung führen. Vielleicht stellen Sie fest, daß es für einen oder für beide von Ihnen in einer bestimmten Situation, etwa wenn Sie nachts zusammen im geparkten Auto sitzen oder wenn Sie sich zusammen hinlegen, schwieriger wird, sich zurückzuhalten. Es ist wichtig, daß Sie beide Ihre jeweiligen Problemstellen beidseitig kennen und so konkret wie möglich darüber sprechen. Wenn Sie solche Situationen gemeinsam betrachten, wird Ihnen das helfen, die Grenzen für Ihre körperliche Beziehung zu finden und festzusetzen. Dazu sind ehrliche Gespräche und Kreativität nötig; Fähigkeiten, die auch in einer gesunden Ehe ganz wesentlich sind.

Hier nun einige Beispiele aus meiner Praxis, Grenzen, die verschiedene Paare für sich vereinbart haben:

A) WIR KÜSSEN UNS NICHT IM SITZEN ODER IM LIEGEN. Dieses Paar stellte fest, daß die Versuchung zu groß

wurde, wenn sie sich zum Küssen hinsetzten oder hinleg-
ten.

B) KEIN KÖRPERKONTAKT NACH 22 UHR. Dieses Paar
merkte, daß für sie die Versuchung spät abends, wenn sie
müde waren und keinen «Widerstand» mehr leisten moch-
ten, am größten war.

C) WIR ENTFERNEN KEINE KLEIDUNGSSTÜCKE. Dieses Paar vereinbarte, daß der erste Knopf oder Reißver-
schluß, der geöffnet wurde, das Zeichen für eine Grenz-
überschreitung sei und daß sie dann erst einmal auseinan-
derrücken würden.

D) WIR SETZEN UNS NICHT AUFS SOFA, WENN WIR
ALLEINE SIND. Für dieses Paar war das Sofa in jeder der
beiden Wohnungen der Ort der größten Versuchung, deshalb beschlossen sie, anderswo zu sitzen, wenn sie miteinander allein waren.

Achten Sie darauf, daß Sie die Grenzen in der Erregungs-
phase möglichst früh setzen, so daß es für Sie beide noch
realistisch ist aufzuhören. Wenn Sie möglichst weit gehen
und sich so weit wie möglich erregen wollen, um dann in
letzter Minute abzubrechen, dann sind Sie äußerst unrealistisch und werden es später bereuen. Es ist wichtig, daß Sie
Ihre Ziele und Prioritäten festsetzen, bevor Sie in Versuchung geraten. Den bombensicheren Bunker sucht man
auf, bevor der Feind angreift.

Wie wichtig es ist, sich diese Schritte gemeinsam vorzunehmen, beschreibt Dwight Carlson:

> *Es ist, als ob man mit 140 km/h durch die Stadt brausen
> würde und dann ein Kind vor das Auto rennt. Wir können
> wohl das Bremspedal durchtreten und alles tun, um zum
> Stehen zu kommen, aber die eigentliche Entscheidung
> haben wir getroffen, als wir beschlossen, innerhalb des
> Ortes 140 zu fahren. Ist diese Entscheidung erst einmal*

gefällt, kann sie manchmal nur sehr schwer rückgängig gemacht werden.

Dasselbe gilt für die sexuelle Versuchung: Die Häufigkeit des Körperkontaktes und der Rahmen, den ein Paar sich gibt, sind bedeutende Faktoren, wenn es darum geht, die Versuchung zu meiden. Deshalb müssen die Leitlinien früh genug gezogen werden, damit die sexuelle Erregung nicht zu groß wird und die beiden nicht zu weit gehen, so daß sie dann nur noch mit Mühe oder gar nicht mehr stoppen können.[21]

8. Schreiben Sie Ihre gemeinsamen Entscheidungen auf. Auch hier gilt: Seien Sie konkret. Das ist nötig, um Mißverständnisse oder Machtkämpfe auszuräumen. Wenn beide mündlich übereingekommen sind, daß seine Hand unter ihrer Bluse «zu weit» ist, und wenn diese Grenze schriftlich festgehalten wurde, dann kann keiner dem anderen etwas vormachen. Dann ist es leicht, Manipulation, Impulsivität und selbstsüchtige Motive zu erkennen. Das Aufschreiben der Grenzen wirft Licht in diesen Bereich der Beziehung. Es wird für beide sofort klar, wenn die Grenze ein Problem wird. Wo das nie der Fall ist, brauchen Sie vielleicht nie wieder darüber zu sprechen. Solange die gegenseitigen Grenzen eingehalten werden, kann sich das Paar entspannen und frei und spontan reagieren im Bewußtsein, daß ihre sexuelle Beziehung sie beide auf eine gesunde Ehe vorbereitet.

9. Versichern Sie einander immer wieder Ihre Liebe. Es ist wichtig, einander regelmäßig die Liebe in Erinnerung zu rufen, vor allem in Zeiten, in denen sich einer von Ihnen verunsichert fühlt oder sich zurückzieht – weil die Anfechtung vielleicht wächst. Sie haben gemeinsam die erwähnten Entscheidungen getroffen, weil Sie sich lieben und weil Sie zu Ihrer Beziehung stehen. Wenn Sie in dieser Zeit körperliche Kontakte ausschließen, dann haben Sie wahr-

scheinlich das Bedürfnis und auch die Gelegenheit, andere Formen zu suchen, um sich Ihre Liebe zueinander mitzuteilen. Rücksichtsvolles Verhalten, kleine, aber durchdachte Geschenke, Komplimente, intensive Briefe wie auch ausgesprochene Liebesbezeugungen helfen, die Liebe zu vertiefen.

10. Wenn Sie oder Ihr Partner die Grenzen ständig überschreiten oder sich daran stoßen, dann dürfen Sie das weder ignorieren noch beschönigen! Ein solches Verhalten ist vielmehr ein klarer Hinweis darauf, daß sich die Beziehung nicht so entwickelt, wie Sie beide es vereinbart haben. Wenn Sie beide Ihre gemeinsam festgesetzten Normen bewußt brechen, sich wiederholt in Situationen hineinmanövrieren, von denen Sie wissen, daß sie die Versuchung vergrößern, dann ist es höchste Zeit, Ihre Motive unter die Lupe zu nehmen. Vielleicht müssen Sie sich eingestehen, daß Sie gar nicht so sehr am Wachstum Ihrer Beziehung als vielmehr am körperlichen Genuß interessiert sind. Ihr Verhalten ist ein Hinweis darauf, daß Verbindlichkeit, Motivation oder Kommunikation nicht so sind, wie sie sein sollten, und später zu ernsthaften Problemen führen können. Wenn das der Fall ist, dann werden sämtliche Weisheiten, Informationen und Strategien der Welt Ihrer Beziehung nicht weiterhelfen können.

Fragen Sie sich selbst: «Ist uns die Beziehung tatsächlich wichtig, oder geht es uns nur um die eigene Befriedigung?» Das wäre, wie wir schon gesehen haben, eine völlig unzureichende Grundlage für eine Ehe. Vielleicht müssen Sie sich eingestehen oder auch übereinkommen, daß Ihre Beziehung eine schlechte Ausgangslage bietet für die Ehe, entweder weil Sie beide zu impulsiv reagieren oder weil einer von Ihnen die Werte des anderen mißachtet. Wie auch immer, es ist in jedem Fall besser, diese Probleme noch *vor* der Ehe zu entdecken und die Heiratspläne hinauszuschieben oder aufzugeben, als Schwierigkeiten in der Ehe vorzuprogrammieren, die später nur schwer und unter großen Schmerzen zu lösen sind.

Wo immer Sie Ihre Grenzen setzen, es wird rasch langweilig und banal, wenn das Ziel Ihres Körperkontaktes einzig und allein darin besteht, einander sexuell zu erregen. Denken Sie daran, daß sexuelle Erregung sich Schritt um Schritt steigert und wächst und Sie immer stärker erfaßt. Ein Kuß zum Beispiel wird rasch uninteressant, wenn Ihr Ziel die Empfindung ist, die Sie haben, wenn Ihre Lippen einander berühren. Sie können es jedoch vermeiden, daß Küssen zur Routine wird, wenn Ihr bewußtes Ziel darin besteht, Ihrem Partner Ihre Gefühle zu zeigen. Ein Kuß wird immer bedeutungsvoll bleiben, wenn er eine Form der Kommunikation ist und nicht eine Methode zur Selbstbefriedigung. Wenn Ihr Kuß so ein aufrichtiger Ausdruck von Liebe ist, dann wird die Liebe nicht versuchen, gemeinsam vereinbarte Grenzen zu durchbrechen, nur damit Sie ein gutes Gefühl haben. 1. Korinther 13,5 erinnert uns daran, daß die Liebe nicht das Ihre sucht.

Denken Sie daran: Egal welche Grenzen Sie als Paar festlegen, es gibt niemanden außer Ihnen beiden, der sie einhalten kann, weder Eltern noch Lehrer, noch Pfarrer, noch Freunde – nur Sie. Denken Sie auch daran, daß das Bewußtsein, auch für den anderen Verantwortung zu tragen, in der Ehe eine ausnehmend wichtige Eigenschaft ist.

Ich frage jedes Paar, mit dem ich arbeite, wie es war, über die körperlichen Grenzen zu sprechen, und wie sich das auf die Beziehung ausgewirkt hat. Einige fanden es einfach; viele empfanden es zu Beginn als peinlich und schwierig. Die allermeisten sagten, daß ihre Beziehung deutlich entspannter wurde, nachdem sie aufrichtig über ihre Gefühle gesprochen und Entscheidungen im Blick auf die Grenzen getroffen hatten. Viele beschrieben das Gespräch als «Wendepunkt». Sie machten sich nicht länger Sorgen darüber, was der andere denken könnte. Auf einmal fühlten sie sich sicherer, und alle berichteten von

wachsender Intimität, die nicht mehr durch die körperliche
Beziehung beeinträchtigt wurde. Niemand deutete auch
nur an, er oder sie bereue diese Diskussionen.

Zwei Tatsachen zur Erinnerung

Es gibt zwei wichtige Prinzipien, die allem zugrunde liegen, was hier über die Schritte zu sexueller Reinheit geschrieben wurde. Zunächst einmal ist bei den meisten
Menschen der Wunsch nach Sex eigentlich ein Wunsch
nach Nähe und Intimität. Die sexuell aktivsten Singles sind
in der Regel die einsamsten. Wie wir in Kapitel 2 gesehen
haben, vermittelt Sex ein Gefühl von Intimität, aber weil er
nur ein Ersatz sein kann, hält die Befriedigung nicht an.
Indem Sie nach emotionaler Intimität und ehrlicher Kommunikation streben, erfahren Sie, wie das zwanghafte
Verlangen nach sexueller Betätigung abnimmt.

Zweitens ist Sex etwas, das wächst, das weiterdrängt.
Für den einzelnen und für das Paar, die der sexuellen
Versuchung nachgeben, wird es beim nächsten Mal noch
schwieriger zu widerstehen. Wenn man jedoch der Versuchung widersteht, verliert sie an Macht. Durch das Vermeiden von sexuellem Verhalten und sexuell erregenden
Dingen nimmt die sexuelle Spannung mit der Zeit ab.

Hier, zum Abschluß, Nancys Geschichte:

Nancy war eine zweiundzwanzigjährige Frau, die sich
sehr ernsthafte Gedanken machte. Wir sind einander nie
persönlich begegnet, sie rief während einer meiner Live-
Radiosendungen im Studio an. «Ich weiß nicht, was ich
jetzt tun soll», sagte sie. «Ich würde alles geben, wenn ich
dadurch die letzten neun Jahre meines Lebens auslöschen
könnte. Mit dreizehn verlor ich meine Unschuld, und danach hatte ich das Gefühl, jetzt sei sowieso alles egal. Ich
hatte nichts mehr zu verlieren. Ich habe mit Männern geschlafen, wann immer ich Lust hatte, und oft auch, wenn

ich keine hatte. Bisher habe ich dreimal abgetrieben und mit so vielen Männern geschlafen, daß ich sie nicht einmal mehr zählen kann. Ich sehnte mich so sehr nach Liebe, und jetzt merke ich, daß mich kein einziger Mann je wirklich geliebt hat. Durch Freunde, die Christen sind, lerne ich, daß es einen besseren Weg gibt. Aber wie soll ich jetzt noch zurück? Ich fühle mich so schmutzig und benutzt, daß ich mir nicht vorstellen kann, daß ich mich je wieder rein fühle. Was kann ich tun?»

Es gibt Hoffnung für Nancy. Es gibt auch Hoffnung für andere Frauen und Männer, die wie Nancy Opfer der sexuellen Revolution sind. Die sexuelle Unberührtheit kann man nicht wiederherstellen, aber Menschen und Situationen können sich verändern. Man kann viele der in diesem Buch beschriebenen Verhaltensmuster ändern oder sogar ganz ablegen. Es ist nie zu spät.

Jeder entscheidet selber, ob die Fehler und das Versagen der Vergangenheit seinen Charakter stärken und entwickeln helfen oder nicht. Wer sich verändern will, wird nie durch seine Vergangenheit daran gehindert. Jeder hat die Fähigkeit zu wachsen und stärker zu werden, unabhängig von seinen Erfahrungen und manchmal auch trotz dieser Erfahrungen.

Das erste, was Nancy lernen mußte, war, was Vergebung bedeutet. Obwohl sie sich durch ihr Verhalten viele Probleme geschaffen hat, sagt die Bibel, daß ihre Sünde nicht schlimmer ist als irgendeine andere. In Jakobus 2, 10-11 heißt es: «Denn wer das ganze Gesetz hält, aber in einem strauchelt, ist aller Gebote schuldig geworden. Denn der da sprach: ‹Du sollst nicht ehebrechen›, sprach auch: ‹Du sollst nicht töten.› Wenn du nun nicht ehebrichst, aber tötest, so bist du ein Gesetzes-Übertreter geworden.» Das mag hoffnungslos klingen, bis man erkennt, daß Christus am Kreuz für *alle Sünden* starb. Weil Jesus sich geopfert hat, schenkt Gott jedem Vergebung, egal was er getan hat.

Wie ging Jesus mit sexuellen Vergehen der Menschen um? Lesen Sie dazu Johannes 8. Die Frau hatte Ehebruch begangen. Laut Gesetz stand darauf die Todesstrafe. Nachdem er ihr versichert hatte, daß er sie nicht verurteile, wies Jesus sie an: «Geh hin und sündige von jetzt an nicht mehr.» (Johannes 8,11)

Gott wird nicht zornig, und er lehnt Sie auch nicht ab, wenn Sie versagt haben. Er bleibt Ihnen immer nahe und traut Ihnen Erfolg zu, auch wenn Sie selbst sich als Versager fühlen. Die Gefahr für Menschen wie Nancy besteht darin, daß sie sich mit ihren Fehlern beschäftigen. Aber es ist keine Lösung, sich dauernd auf das Versagen zu konzentrieren – dadurch werden nur die Schuldgefühle verstärkt, und der Betroffene wird in sein Problemverhalten zurückgetrieben.

Wenn Sie sich in einer ähnlichen Situation befinden wie Nancy, dann befassen Sie sich nur so lange mit Ihrem Versagen, bis Sie erkannt haben, was Sie ändern müssen. Achten Sie auf die ersten Anzeichen, so daß Sie erkennen, wann das Problem wieder auftreten will.

Hier sind vier Schritte für den Umgang mit sexuellen Fehlern aus der Vergangenheit:

1. Erkennen Sie, daß Sie Gottes Normen gebrochen haben. Wenn Sie nicht die Verantwortung für Ihren Teil übernehmen, kann sich nichts verändern. Nennen Sie es Sünde, und schieben Sie es nicht einem anderen in die Schuhe. Gott ist nicht überrascht. «Wir alle irrten umher wie Schafe, wir wandten uns jeder auf seinen eigenen Weg; aber der Herr ließ ihn treffen unser aller Schuld» (Jesaja 53,6).

2. Beschließen Sie, Gottes Verheißung zu glauben. Er will Ihnen vergeben. Die Strafe für Ihre Sünde wurde auf Gol-

gatha voll und ganz bezahlt. Sie brauchen das «nur» für sich in Anspruch zu nehmen. «Wenn wir unsere Sünden bekennen, ist er treu und gerecht, daß er uns die Sünden vergibt und uns reinigt von jeder Ungerechtigkeit.» (1. Joh. 1,9)

3. Beschließen Sie, sich selber zu vergeben. Lesen Sie Römer 8 mehrere Male durch, und denken Sie darüber nach, was das für Sie bedeutet. Klammern Sie sich nicht an Ihre Schuld. Wenn Gott Ihnen vergeben hat, dann ist Ihnen vergeben. Sich selbst vergeben heißt akzeptieren, daß Sie ein Mensch sind und daß Jesus am Kreuz schon alles getan hat. Dem können Sie durch eigenes Leiden oder durch Selbstmitleid absolut nichts hinzufügen. Nichts!

4. Beschließen Sie, etwas zu ändern. In diesem Kapitel wurden Methoden besprochen, die Ihnen helfen, Ihr Verhalten so zu ändern, daß Sie gesunde körperliche Beziehungen aufbauen können. Überlegen Sie, wie Sie künftig mit Ihren Beziehungen umgehen wollen. Beschließen Sie, alte Muster zu verändern.

Ihre Beziehung kann so aussehen, wie Sie es sich wünschen. Egal wie Ihre Vergangenheit aussieht, die Zukunft kann anders sein. Aber denken Sie daran, daß gesunde, wachsende und erfüllende Beziehungen nicht zufällig entstehen. Sie sind das Ergebnis von Entscheidungen, von Verbindlichkeit und von Arbeit. Die erste Entscheidung müssen Sie als einzelner treffen. Wenn Sie Single sind und für sich selbst und für Ihren zukünftigen Ehepartner gesunde Sexualmuster wollen, dann mache ich Ihnen Mut, sich Zeit zu nehmen für die in diesem Kapitel vorgeschlagenen Schritte. Der Anfang mag schwierig sein, aber der Gewinn in der Beziehung macht die Investition bei weitem wieder wett!

Zusammenwachsen

Die folgenden Übungen fördern eine offene und konkrete Diskussion mit Ihrem Partner über Ihre körperliche Beziehung. Unabhängig davon, wie lange Sie einander schon kennen: Sie werden feststellen, daß dieses Gespräch Ihr Verständnis für sich selbst, füreinander und für Ihre Beziehung vertiefen wird.

1. Lesen und besprechen Sie gemeinsam 1. Thessalonicher 4,3-7. Sprechen Sie darüber, wie Sie diesen Abschnitt auf Ihre Beziehung anwenden können.

2. Ergänzen Sie die folgenden Aussagen so ehrlich und vollständig, wie Sie können. Jeder von Ihnen sollte sie allein ausfüllen, bevor Sie sich darüber austauschen, was Sie geschrieben haben.

Wenn wir mit anderen zusammen oder in der Öffentlichkeit sind, dann . . . . du oft, und wenn du das tust, fühle ich mich . . . .
. . . . Ich würde es sehr schätzen, wenn du . . . .
Wenn wir allein sind und du. ,
fühle ich mich . . . . Es würde mir helfen, wenn du . . . .
So, wie unsere körperliche Beziehung heute ist, fühle ich mich sehr wohl, wenn wir . . . .
. . . . Aber ich fühle mich unwohl, wenn wir . . . .
Wenn wir weitergehen, als du und ich es zusammen vereinbart haben, dann ist das Hilfreichste, was du für mich tun kannst, ...

EPILOG

Während ich das Manuskript dieses Buches überarbeitete, lernte ich ein junges Ehepaar kennen, dessen Geschichte sehr mutmachend ist. Natürlich kann ich hier nicht alle Einzelheiten wiedergeben. Dennoch möchte ich einen Teil ihres Berichts anfügen, weil er das Anliegen dieses Buches so ausgezeichnet illustriert. Ich bin den beiden dankbar, daß sie uns einen Einblick in ihr Leben erlauben.

Doug und Kathy begegneten sich an der Universität. Sie verliebten sich Hals über Kopf und verbrachten bald jede freie Minute miteinander. Weil es für beide selbstverständlich war, daß sie über kurz oder lang miteinander schlafen würden, begannen sie über Verhütungsmittel zu sprechen und kauften sie auch gemeinsam ein. Sie gestalteten ihre erste Nacht so romantisch wie möglich. Sie konnten über alles ganz offen miteinander reden und hatten den Wunsch, wirklich alles «richtig» zu machen. Diese Nacht war der festliche Auftakt zu einem aktiven Sexualleben, das beide als sehr befriedigend empfanden.

Nach einigen Monaten allerdings schlich sich Unzufriedenheit ein. Irgend etwas stimmte nicht. Eine Zeitlang gelang es ihnen, die Spannungen durch Sex abzubauen. Aber selbst dieser Bereich befriedigte sie schließlich nicht mehr. Sie versuchten es mit sexueller Enthaltsamkeit, weil sie dachten, «es wird schon besser werden, wenn wir eine Weile damit aufhören». Sie spürten, daß ihnen eine echte Intimität fehlte, doch keiner wußte, wo das Problem lag oder was sie dagegen tun konnten.

Mitten in diese Fragen hinein wurde Kathy mit dem Gedanken konfrontiert, daß Sex vor der Ehe «Sünde» sei. Obwohl beide keine konkrete Vorstellung davon hatten, was Vergebung oder eine persönliche Erlösung durch Jesus Christus bedeuten, betrachteten sowohl Doug wie auch Kathy sich irgendwie als Christen, und da sie auch keine Heuchler sein wollten, bestärkte der Gedanke, daß Sex vor der Ehe wohl Sünde sei, sie dabei, weiterhin enthaltsam zu leben.

Sowohl Doug wie auch Kathy waren als Kinder zur Kirche gegangen. In jüngerer Zeit hatten sie verschiedene religiöse Erfahrungen gemacht, vom passiven Gottesdienstbesuch in unterschiedlichen Gemeinden bis hin zu Experimenten mit der New-Age-Bewegung. Als ein gläubiger Freund sie in seine Gemeinde einlud, gingen sie gern mit. In der Predigt dieses Morgens ging es um Jona, das Thema lautete: «Auf der Flucht vor Gott.» Die Predigt traf sie beide mitten ins Herz. Am selben Abend nahmen Doug und Kathy nach einem langen und tränenreichen Gespräch mit ihrem Freund Jesus Christus als ihren Herrn und Erlöser an.

So froh und glücklich sie über ihr neues Glaubensleben waren, so hatten sie doch noch immer mit ihrem sexuellen Verlangen zu kämpfen. Deutlicher als je zuvor war ihnen bewußt, daß Gott wollte, daß sie sexuell enthaltsam blieben. Sie trafen deshalb eine gegenseitige Vereinbarung, eine Verpflichtung, die sie sogar schriftlich festhielten. Sie nannten diese Verpflichtung «Sieben Grundregeln für die Liebe»:

1. Wenn etwas Gott nicht gefällt und ihn nicht ehrt, dann hat es in unserer Beziehung keinen Platz. Er ist das Haupt unserer Liebe.
2. Wenn wir merken, daß die Spannung zunimmt, rücken wir etwas auseinander.
3. Wenn wir merken, daß wir uns zu sehr miteinander beschäftigen und nur noch um uns selbst drehen, dann wollen wir unsere Augen auf Jesus richten und ihm unser Herz öffnen.
4. Bestimmte Zärtlichkeiten und Intimitäten sind der Ehe vorbehalten.
5. Mit einer Umarmung bringen wir einander zum Ausdruck, daß wir uns lieben.
6. Wir wollen versuchen, den anderen spüren zu lassen, daß wir ihn lieben, und nicht, welche körperliche Anziehungskraft er für uns besitzt.
7. Wenn wir dabei Probleme haben, wollen wir uns daran erinnern, daß Jesus uns durchhelfen kann und wird, wenn wir uns nur die Zeit nehmen, ihn darum zu bitten.

Nachdem sie diese Verpflichtung niedergeschrieben hatten, unterschrieben sie beide und bewahrten sie so auf, daß sie sie, wenn nötig, hervorholen konnten.

Es fiel ihnen nicht leicht, ihre Verpflichtung einzuhalten. Es gab viele, viele emotionsgeladene Gespräche, und sie hatten jede Menge Unsicherheiten und Ängste zu überwinden und zu lernen, was Vergebung konkret bedeutet. Es gab Zeiten, in denen sie meinten, sie würden es nie schaffen. Trotz aller Probleme blieb aber der Wille, an der Beziehung festzuhalten, immer genauso stark wie die Verpflichtung zu sexueller Reinheit. Mehr als zwei Jahre nach ihrer Entscheidung, sexuell enthaltsam leben zu wollen, heirateten Doug und Kathy.

Einige Zeit vor der Hochzeit gingen sie zusammen los, um die Nachtwäsche für die Hochzeitsnacht einzukaufen. Als Kathy vor all den sexy Negligés stand, ging ihr plötzlich auf, daß sie sie eigentlich nie besonders gemocht hatte. Früher hatte sie so etwas gekauft, um Doug zu gefallen und ihn anzutörnen, aber eigentlich fühlte sie sich in langen, bequemen, warmen Nachthemden viel wohler. Weil sie aber Doug gern eine Freude machen wollte, suchte sie weiter bei diesem Ständer mit den Negligés.

«Welches gefällt dir denn, Doug?» fragte sie über die Schulter hinweg.

«Weißt du, eigentlich gar keins», erwiderte er. «Meinst du nicht, du würdest dich in so was viel wohler fühlen? Das paßt doch viel besser zu dir, und ich glaube, du würdest darin super aussehen.»

Kathy drehte sich um und sah, daß Doug ein langes weißes Flanellnachthemd hochhielt. Ihr stiegen die Tränen in die Augen. Gleichzeitig erkannte sie, daß das Nachthemd Dougs Liebe und sein Verständnis für ihre Bedürfnisse ausdrückte, während die Farbe für ihren Wunsch nach erneuerter sexueller Reinheit stand. Durch ihre Verpflichtung und die Kämpfe der vergangenen zwei Jahre hatten sie es gelernt, sich aufeinander einzustellen. Sie hatten es gelernt, sich auf eine Art zu verständigen, wie sie es früher nie für möglich gehalten hätten.

Die Hochzeitsnacht war voller Entdeckungen. Nach über zwei Jahren sexueller Enthaltsamkeit waren sie beide äußerst nervös, freuten sich aber auch, weil sie spürten, daß es in der Hochzeitsnacht genauso auch sein sollte. Kathy erzählte: «Ich war ziemlich aufgeregt, und ich fand das sogar toll!»

Sie entdeckte in der Hochzeitsnacht noch etwas anderes. Früher war sie beim Geschlechtsverkehr nie zum Orgasmus gekommen. Sie hatte gemeint, ihr sexuelles Erleben sei so erfüllend, wie es nur sein konnte, und es war nun ein Schock, aber auch eine große Freude, zu entdecken, daß es noch mehr gab.

Als besonders mutmachend und als weitere Bestätigung empfanden sie es auch, daß Kathy in der Hochzeitsnacht

Schmerzen hatte und leicht blutete, wie es beim ersten Geschlechtsverkehr vorkommt. Obwohl nicht alle mit dieser Auslegung einig gehen werden, ist Kathy überzeugt, Gott habe ihr damit zeigen wollen, daß ihre Unschuld und ihre Reinheit wiederhergestellt seien.

Doug und Kathy haben es nie bereut, daß sie sich vor der Ehe zur Enthaltsamkeit verpflichteten. Obwohl die Beziehung falsch begonnen hatte, gab es Hoffnung für sie. Grundlage dieser Hoffnung war ihr Wunsch, als Dank für die Erlösung dem Herrn zu folgen und seinen Willen zu tun. Durch den Gehorsam erfuhren sie in ihrer Beziehung Heilung und Wachstum.

Es ist mein Wunsch und mein Gebet, daß dieses Buch auch anderen Paaren helfen kann, zu entdecken, was Doug und Kathy entdeckten: Die Sehnsucht nach dem Einswerden und dem Einssein mit dem geliebten Partner ist stillbar; ja, unsere tiefsten Wünsche sind erfüllbar!

Anmerkungen

1. *Time*, 4. Dezember 1985, S. 81.
2. *People*, 13. April 1987, S. 111.
3. *New Research: The Family in America*, (Rockford, Ill.: The Rockford Institute Center on the Family in America, Dezember 1987), S. 1.
4. Helen Singer Kaplan, *Sexualtherapie*, 3. erg. Auflage 1990.
5. Desmond Morris, *Intimate Behaviour* (New York: Random House, 1971), S. 74-78.
6. Tim Stafford, «Love, Sex & the Whole Person», *Campus Life*, Dezember 1987, S. 8.
7. Michael R. Cosby, *Sex in the Bible: An Introduction to What the Scriptures Teach Us about Sexuality* (New Jersey: Prentice-Hall, 1984), S. 172, S. 176.
8. Josh McDowell, *Why Wait?* (San Bernardino, Calif.: Here's Life Publishers, 1987).
9. Joseph Dillow, *Und die Zwei werden sein ein Fleisch*, Leonis.
10. *Time*, 9. Dezember 1985, S. 79.
11. *Practical Applications*, Center for Adolescent Mental Health, St. Louis, Mo., 3 (Winter 1986): 3.
12. *Psychology Today*, Oktober 1987, S. 34.
13. Ibid.
14. *People*, 13. April 1987, S. 115.
15. Dr. Anne Speckhard, zitiert bei Josh McDowell, Why Wait? (San Bernardino, Calif.: Here's Life Publishers, 1987), S. 218.
16. *Campus Life*, Dezember 1987, S. 40.
17. Ibid., S. 41.
18. Patrick Carnes, *Wenn Sex zur Sucht wird*, Kösel, 1992.
19. Ibid.
20. Sexaholics Anonymous, 1985.
21. Dwight Carlson, *Sex and the Single Christian: Candid Conversations* (Ventura, Calif.: Regal Books, 1985), S. 53.